Tierische Mode

für wilde Kids

Dank

Ein Dankeschön geht an die Redakteure vom Quantum-Verlag, die den Entstehungsprozess dieses Buchs begleitet haben. Insbesondere danke ich Hazel Eriksson, die das Projekt nahtlos übernommen hat, sowie Liz Jones, meiner unverzagten Ratgeberin bei der Gestaltung und Organisation der Projekte, und der Grafikgestalterin Rosamund Saunders, die dafür sorgte, dass alles so einheitlich und schön geworden ist. Ich bin sehr glücklich über die Gelegenheit zur Zusammenarbeit mit einem so herausragenden Team!

Ein großes Dankeschön verdienen auch der Fotograf Hoyoung Lee für die bleibenden Bilder eines wirklich „tierischen" Fotoshootings und Sojung Lee für das Styling und die Hilfe beim Bändigen der lieben Kleinen.

Auch meinem eigenen Wildfang Carter und meinem Mann Wayne möchte ich danken. Sie waren geduldig und haben mich stets unterstützt in diesem Jahr, in dem Mama immer sehr früh aufgestanden ist, um zu nähen, zu zeichnen und zu malen. Ihr seid meine Inspiration und meine Motivation!

Ein besonderer Dank geht an die wilden Models Bloss, Carte, Quin und Tessa.

Verlagsgruppe Random House FSC® N001967

MIX
Paper from responsible sources
FSC® C016973

ISBN 978-3-572-08189-9

1. Auflage

Die englische Originalausgabe erschien erstmals 2014 bei Frances Lincoln Ltd unter dem Titel *Wild Things to Sew and Wear*.

Illustrationen: Molly Goodall
Fotos: Hoyong Lee, Sohostory

Projektkoordination dieser Ausgabe: Dr. Iris Hahner
Umschlaggestaltung: Atelier Versen, Bad Aibling
Übersetzung: SAW Communications, Mainz, Christa Trautner-Suder
Redaktion und Producing: SAW Communications, Redaktionsbüro Dr. Sabine A. Werner, Mainz, in Zusammenarbeit mit Anke Enders – alles mit Medien, Wiesbaden
Herstellung: Sonja Storz

Druck und Bindung: 1010 Printing International Ltd

Printed in China

Tierische Mode

für wilde Kids
Kleidung & Accessoires zum Nähen

MOLLY GOODALL

Bassermann Inspiration

Inhalt

Wildtiere

Waldtiere

Bauernhoftiere

Nähtechniken und Schnittmuster

Vorwort

In einer Zeit, in der das Nähen von Kinderkleidung keine Notwendigkeit mehr darstellt, bleibt es zweifellos ein Akt der Liebe. Stets haben wir das Kind, für das wir nähen, im Blick, um alle Details bestmöglich auf es abzustimmen – Stil, Passform, Fertigungsart, Haltbarkeit und Pflegeleichtigkeit.

Beim Nähen hoffen wir von Herzen, dass ein Kleidungsstück entsteht, das geliebt wird und nützlich ist. Das Nähen von Kleidung ist außerdem ausgesprochen inspirierend. Als ich anfing, für meinen kleinen Sohn zu nähen, wählte ich zuerst einfache Projekte. Es war ein gutes Gefühl, selbst bei meinem engen Zeitplan etwas zu gestalten. Ich übernahm das Regiment über den Esszimmertisch und richtete an einem Ende einen Platz zum Zuschneiden und am anderen Ende einen zum Nähen ein, das Bügelbrett daneben. Nachdem das anfangs sehr erfüllend war, veränderte sich meine Vorstellung vom Nähen für meinen Sohn, als es draußen kälter wurde und er sich weigerte, eine Mütze oder Kapuze zu tragen.

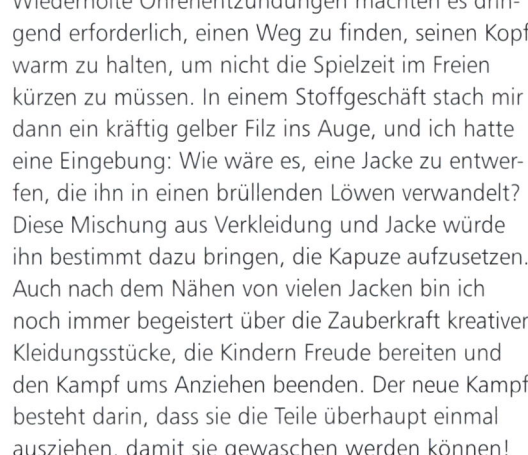

Wiederholte Ohrenentzündungen machten es dringend erforderlich, einen Weg zu finden, seinen Kopf warm zu halten, um nicht die Spielzeit im Freien kürzen zu müssen. In einem Stoffgeschäft stach mir dann ein kräftig gelber Filz ins Auge, und ich hatte eine Eingebung: Wie wäre es, eine Jacke zu entwerfen, die ihn in einen brüllenden Löwen verwandelt? Diese Mischung aus Verkleidung und Jacke würde ihn bestimmt dazu bringen, die Kapuze aufzusetzen. Auch nach dem Nähen von vielen Jacken bin ich noch immer begeistert über die Zauberkraft kreativer Kleidungsstücke, die Kindern Freude bereiten und den Kampf ums Anziehen beenden. Der neue Kampf besteht darin, dass sie die Teile überhaupt einmal ausziehen, damit sie gewaschen werden können!

Dieses Buch bietet eine bunte Auswahl an Ideen, um Sie und Ihre kleinen Lieblinge zu begeistern. Ich hoffe, Sie werden sie in den kreativen Prozess einbeziehen, bei der Auswahl von Farben und Stoffen oder einem speziellen Detail, das genau auf die jeweilige Persönlichkeit abgestimmt ist. Außerdem hoffe ich, dass die Kleinen darüber staunen werden, wie aus flachen Stoffstücken ein dreidimensionales Cape oder eine Weste entstehen. Vor allem jedoch wünsche ich Ihnen viele freudige Stunden, in denen Sie Ihrem kleinen Wildfang in seinem ungewöhnlichen Kleidungsstück beim Spielen zuzuschauen.

Molly

Über dieses Buch

ANGABEN ZUM PROJEKT

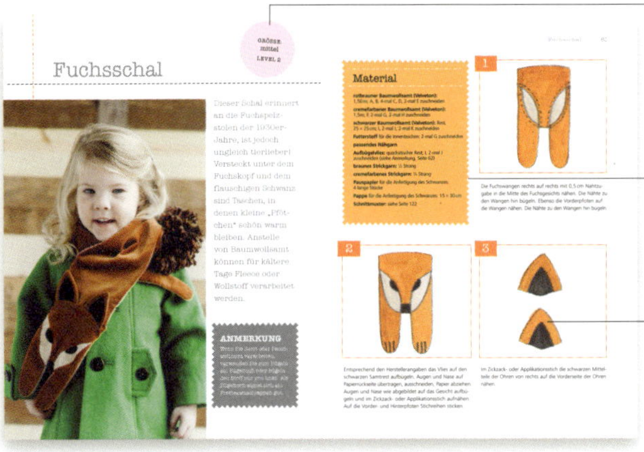

Größe und Schwierigkeitsgrad

Hier wird die Größe angegeben, die fotografiert wurde und für die hinten im Buch das Schnittmuster angegeben ist. Weitere Größen sind auf der CD zu finden.

Materialliste

In diesem Kasten werden alle Materialien und speziellen Werkzeuge aufgeführt, die Sie für die Anfertigung des Kleidungsstücks benötigen.

Illustrationen

Klar verständliche Schritt-für-Schritt-Illustrationen ergänzen den Anleitungstext, damit Sie genau sehen, was in welchem Arbeitsschritt zu tun ist.

SCHNITTMUSTER MIT ERLÄUTERUNGEN

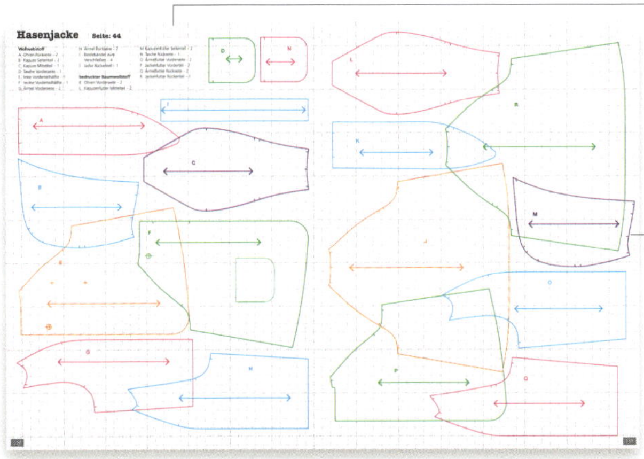

Zuschnittangaben

Sie stehen in dem orangefarbenen Kästchen bei jedem Projekt. Sie benennen jedes Schnittmusterteil und leiten Sie durch den Zuschnitt der Stoffe.

Schnittmusterteile

Jedes Schnittmusterteil kann anhand eines Buchstabens gefunden werden. Auf Seite 111 finden Sie Erläuterungen zum Verständnis der Markierungen in den Schnittmustern, und auf Seite 103 stehen ausführliche Informationen zum Gebrauch der Schnittmusterteile.

Größentabelle

Größe	klein		mittel		groß	
Alter in Jahren	1	2	3	4	5	6
Brustumfang in cm	46-51	53	56	59	61	64
Körpergröße in cm	79	87	94	102	109	117

Schwierigkeitsgrad

Die Projekte in diesem Buch sind in drei Schwierigkeitsstufen eingeteilt:
Level 1 = einfach, Level 2 = mittel, Level 3 = für Fortgeschrittene

Bevor es losgeht

Drucken Sie die Schnittmusterteile in der passenden Größe von der CD aus. Schneiden Sie alle Stoffteile unter Berücksichtigung der Angaben in den orangefarbenen Kästchen und auf den Schnittmustern zu. Beachten Sie den Fadenlauf und übertragen Sie alle Markierungen vom Schnittmuster auf den Stoff. Weitere Informationen zum Arbeiten mit Schnittmustern finden Sie auf den Seiten 103–105 und 111.

Alle Nahtzugaben werden angegeben. Die Stoffmengen beziehen sich auf eine Stoffbreite von 1,15 m und reichen auch für die größte Größe.

Wildtiere

Jacke „Brüllender Löwe“

GRÖSSE: mittel
LEVEL 3

Wäre es nicht spaßiger, eine Jacke anzuziehen, wenn man sich mit ihr in einen Löwen verwandeln kann? Genau das tut dieses reizende Modell mit seiner Kapuze in Form eines wilden Löwenkopfes, mit Ärmeln, die in scharfen „Krallen“ enden und einem unruhig zuckenden Schwanz. So bringen Sie auch das wildeste kleine Tier dazu, bei Kälte die Kapuze aufzusetzen!

Material

gelber Wollfilz: 1,80 m; 2-mal A, B, 2-mal C, 2-mal D, E, 2-mal F, G, 4-mal H, 2-mal I, 2-mal J, K zuschneiden

Charmeuse-Stoff für das Ärmelfutter: 69 cm; 2-mal P zuschneiden

Fleece oder Sherpa für das Futter von Kapuze und Jackenteil: 69 cm; L, 2-mal M, N, 2-mal O zuschneiden

Wollfilz in Kontrastfarbe Creme für das Maul und die Vorderseite der Ohren: 22 cm; 2-mal A, Q, 2-mal R, S zuschneiden

schwarzer Wollfilz: Rest, 25 × 25 cm; T, 2-mal U, 6-mal V zuschneiden

passendes Nähgarn

dickes Strickgarn für Mähne und Schwanz: 1 Strang

weißer Filz für die Zähne: Rest, 7,5 × 7,5 cm; 2-mal W zuschneiden

Knöpfe für die Augen: 2 Stück, 1,5 cm Durchmesser

Knöpfe für das Vorderteil: 4 Stück, 2,5 cm Durchmesser

Pappe für das Anfertigen von Mähne und Schwanz: 15 × 30 cm

Pauspapier für das Zusammenfügen von Mähne und Schwanz: 4 lange Stücke

Stoffkleber

Abdeckband

Schnittmuster: siehe Seite 112

1

Die mittlere Rückenteilnaht rechts auf rechts zusammennähen, auseinanderbügeln. Falls gewünscht, die Naht 0,5 cm von der hinteren Mitte von rechts absteppen. Rückenteil und Passe rechts auf rechts zusammennähen, Naht auseinanderbügeln. Falls gewünscht, absteppen. Die Taschenrückseiten rechts auf rechts zwischen den Einschnitten einfügen und einnähen. Nähte auseinanderbügeln.

2

Mit den Taschenvorderseiten an beiden Vorderteilen wiederholen.

3

Vorderteile und Rückenteil an den Schultern und an den Seiten zusammennähen, zwischen den kleinen Einschnitten offen lassen. Die Schulternähte nach hinten bügeln und 0,5 cm von der Naht übersteppen.

4

Die Vorder- und Rückseiten der Taschen an den Vorderteilen nach vorne legen und bügeln; feststecken. Von links die Vorder- und Rückseiten der Taschen an die Vorderteile nähen. Diese Naht ist auf dem Vorderteil als dekorative Steppnaht zu sehen, lassen Sie sich daher Zeit und arbeiten Sie die Rundungen sehr ordentlich.

5

Die Krallen wie abgebildet rechts auf rechts bei den kleinen Einschnitten auf die Ärmelenden legen und 0,5 cm vom Rand annähen. Den Ärmelbesatz rechts auf rechts auf Ärmel und Krallen legen und mit 0,5 cm Nahtzugabe festnähen.

6

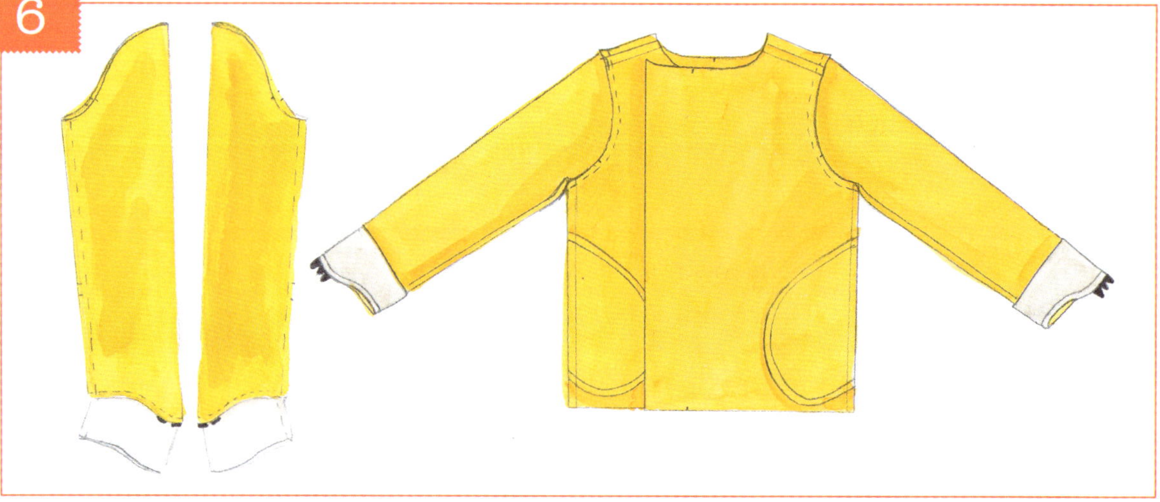

Die Ärmel der Länge nach so in der Mitte zusammenlegen (rechts auf rechts), dass die Einschnitte übereinanderliegen. Die Ärmelnaht vom Armausschnitt bis zum Ende des Ärmelbesatzes zusammennähen. Ein Ärmelbügelbrett oder ein zusammengerolltes Handtuch verwenden, um die Nähe auseinanderzubügeln. Die Ärmel rechts auf rechts mit übereinanderliegenden Einschnitten und Ärmelnähten mit den Armlöchern zusammenstecken, einnähen. Die Ärmelbesätze nach innen umschlagen und bügeln. Die Ärmelenden 1 cm vom Rand absteppen. Die Jacke auf rechts wenden.

7

Das Futter für beide Ärmel rechts auf rechts der Länge nach so in der Mitte falten, dass die Einschnitte übereinander liegen. Die Ärmelnähte schließen.

8

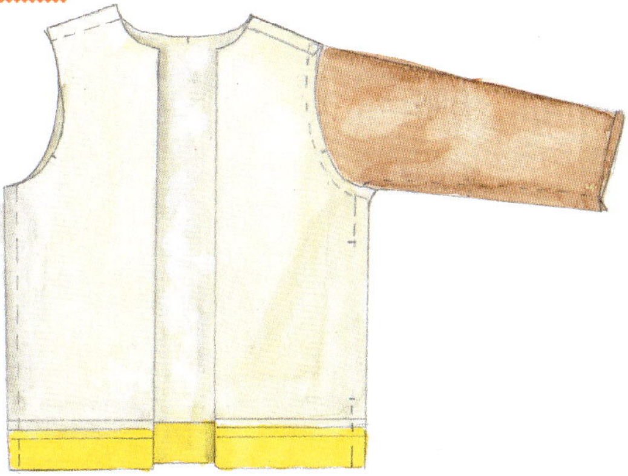

Oberstoff und Futter des Rückenteils am Saum rechts auf rechts zusammennähen. Die Nähte auseinanderbügeln. Am Saum von Oberstoff und Futter der Vorderteile wiederholen. Das Futter von Rückenteil und Vorderteilen rechts auf rechts an der Schulter und an den Seiten zusammennähen, dabei zwischen den Einschnitten offen lassen. Das Ärmelfutter rechts auf rechts mit passenden Einschnitten und Ärmelnähten mit dem Jackenfutter zusammenstecken, dann -nähen.

9

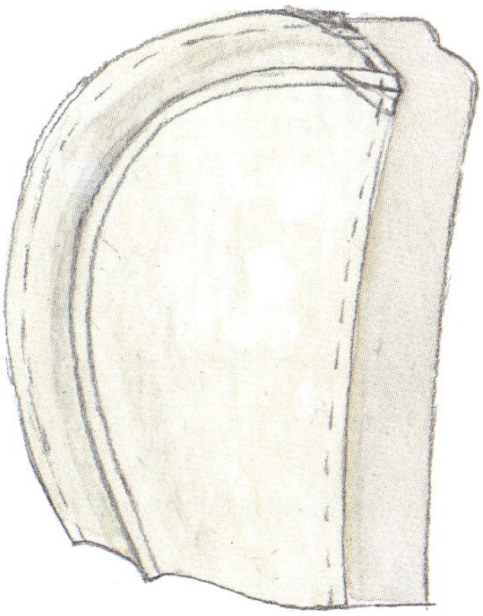

Die Seitenteile des Kapuzenfutters rechts auf rechts mit 0,5 cm Nahtzugabe so an das Mittelstück des Kapuzenfutters nähen, dass die Einschnitte zusammenpassen. Die Nähte am vorderen Rand auseinanderbügeln. Den vorderen Kapuzenbesatz rechts auf rechts mit 0,5 cm Nahtzugabe an das Kapuzenfutter nähen.

Anmerkung

Möglicherweise müssen Sie die Schnittmusterteile für das Futter von Kapuze und Jackenteil etwas verkleinern, falls der verwendete Fleecestoff in beiden Richtungen sehr dehnbar ist. Überlegen Sie in diesem Fall, das Futter eine Größe kleiner zuzuschneiden (wenn Sie für die größte Größe nähen, schneiden Sie das Futter also in der mittleren Größe zu), damit das Futter nicht durchhängt. Ist der Stoff hingegen recht fest und ein 12,5 cm großes Quadrat dehnt sich in jede Richtung höchstens 4 cm, schneiden Sie das Futter in der originalen Schnittmustergröße zu und fügen es wie angegeben mit dem Oberstoff zusammen.

10

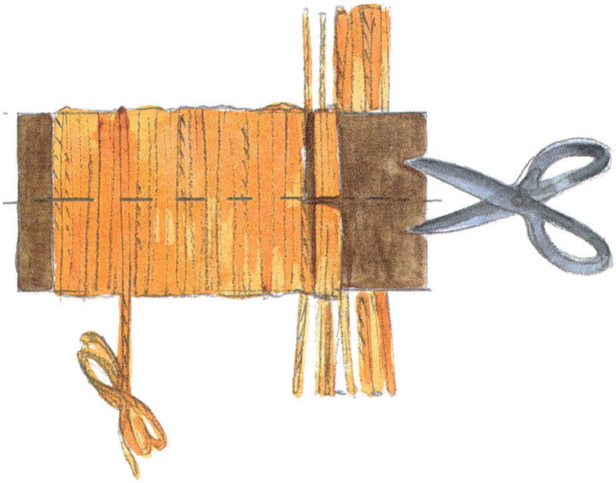

Für Mähne und Schwanz ein 15 cm breites und etwa 30 cm langes Stück Pappe zuschneiden. Die Wolle für Mähne und Schwanz etwa 200–250-mal um die Pappe wickeln. Die Wolle sollte auf jeder Seite etwa 1,5 cm hoch liegen. Anschließend mit einer scharfen Schere die Wolle in der Mitte der Pappvorderseite durchschneiden, die Pappe beiseite legen.

11

Mit der Schere die flach liegenden Wollfäden in der Mitte durchschneiden, sodass Sie zwei Reihen mit 15 cm langen Wollfäden erhalten. Für die Schwanzquaste ein kleines Bündel beiseite legen.

12

Zwei Stücke Pauspapier auf 60 cm Länge und 1,20 m Breite zuschneiden. Ein Stück Pauspapier auf den Tisch legen, die Wollfäden in einer Reihe mit etwa 2,5 cm Überstand oben und unten auf das Papier legen. Mit dem zweiten Stück Papier abdecken und alle Lagen mit Quiltnadeln sichern. Alle drei Lagen in der Mitte zusammennähen.

Anmerkung

Am besten geht es mit Schnittmuster- oder Pauspapier von der Rolle, das Sie in Geschäften für Künstlerbedarf bekommen – Seidenpapier ist zu dünn und zerreißt zu leicht.

13

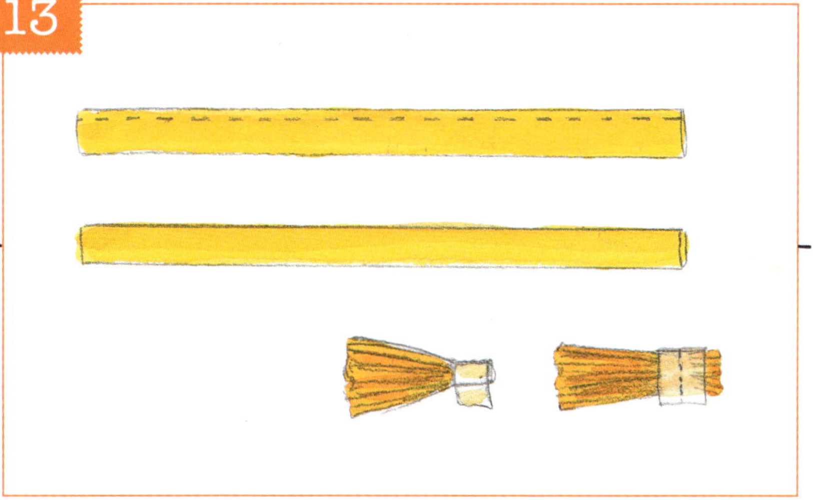

Den Schwanz rechts auf rechts der Länge nach in der Mitte falten und knapp 0,5 cm vom Rand absteppen. Mithilfe eines Schlauchwenders wenden, bügeln. Ein kleines Stückchen Pauspapier um das eine Ende des Wollfadenbündels wickeln, das für die Schwanzquaste beiseite gelegt wurde. Mehrmals durch alle Lagen vor- und zurücknähen. Das Papier vorsichtig herausziehen – die Stiche haben für eine Perforation gesorgt.

14

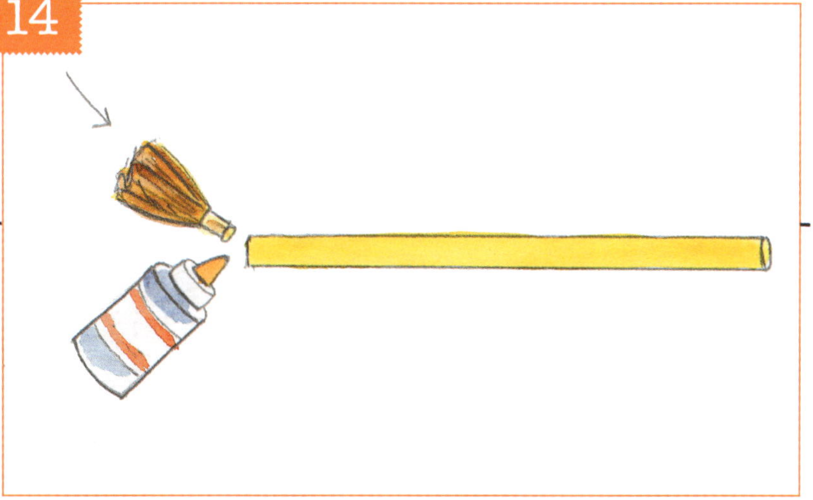

Das Quastenende straff mit Abdeckband umwickeln, das die Stiche überdeckt. Falls nötig, das Ende des Bands zurückschneiden. Die Spitze der Stoffkleberflasche in das untere Schwanzende schieben, Kleber hineindrücken. Darauf achten, dass das Schwanzende dabei nicht zusammenklebt. Das mit Band umwickelte Ende der Quaste in das Schwanzende schieben. Mit einem Essstäbchen vorsichtig noch etwas nachschieben. Trocknen lassen, dann die Quastenenden gerade zuschneiden.

15

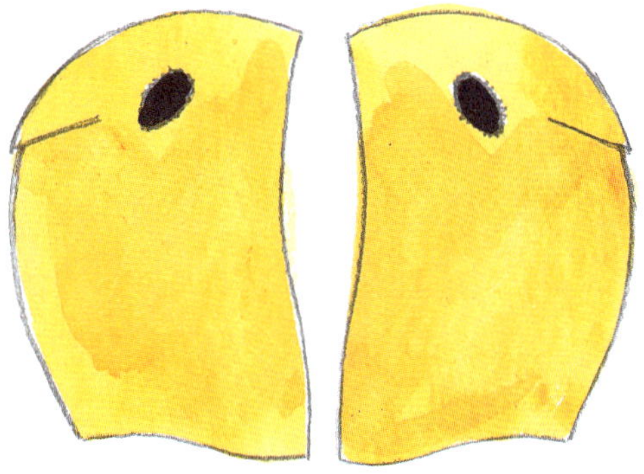

Übertragen Sie mit Schneiderkreide die Platzierung bzw. Nahtlinien vom Schnittmuster für Mähne und Schwanz auf die rechte Seite des Mittelteils und der Seitenteile der Kapuze. Entsprechend dem Schnittmuster die Augen seitlich rechts und links auf der rechten Stoffseite der Kapuze platzieren und mit etwas Stoffkleber fixieren. Im Zickzack- oder Applikationsstich festnähen.

16

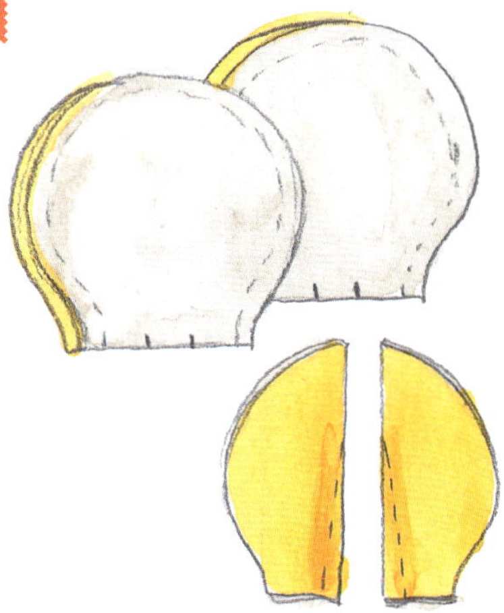

Die Vorder- und Rückseiten der Ohren mit 0,5 cm Nahtzugabe rechts auf rechts zusammennähen. Wenden und flach bügeln. Die Ohren wie abgebildet in der Mitte entsprechend den Einschnitten zusammenlegen und durch alle Lagen kleine Abnäher nähen.

17

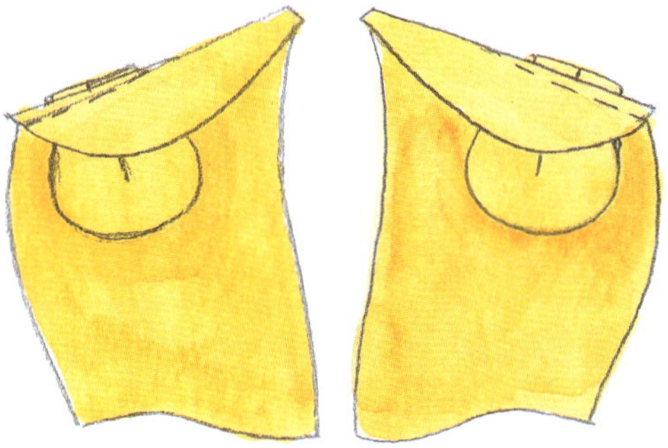

Die Ohren wie abgebildet in die Schlitze seitlich an der Kapuze einfügen (die Vorderseite der Ohren zeigt zur rechten Stoffseite der Kapuzenseitenteile) und die Abnäher zunähen, um die Ohren in ihrer Position zu fixieren.

18

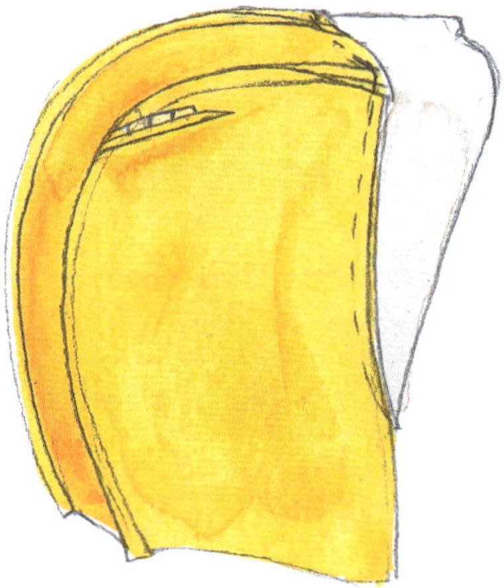

Die Seitenteile der Kapuze mit 0,5 cm Nahtzugabe entsprechend den Einschnitten rechts auf rechts an das Mittelteil der Kapuze nähen. Die Nähte vorne und unten an der Kapuze auseinanderbügeln. Das Maulteil mit 0,5 cm Nahtzugabe rechts auf rechts vorne auf die Kapuze nähen. Auf rechts wenden.

19

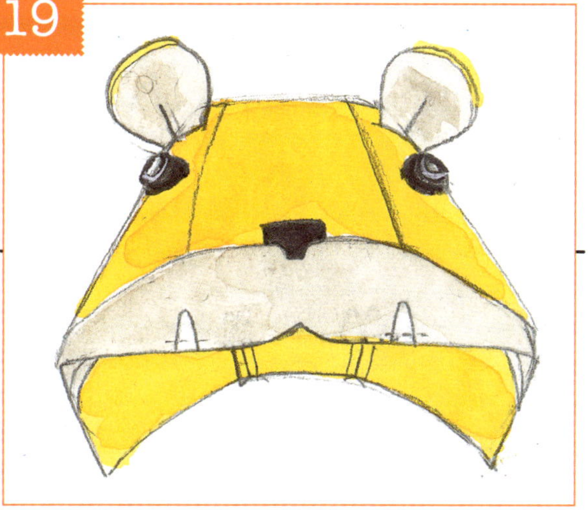

Die Nase wie im Schnittmuster angegeben auf die Kapuzenvorderseite legen und mit einem Tropfen Stoffkleber fixieren. Im Zickzack- oder Applikationsstich festnähen. Knöpfe auf den applizierten Filzaugen zuerst mit etwas Stoffkleber fixieren, dann annähen. Weiße Filzzähne an den Einschnitten vorne im Gesicht platzieren und mit 0,5 cm Nahtzugabe annähen.

20

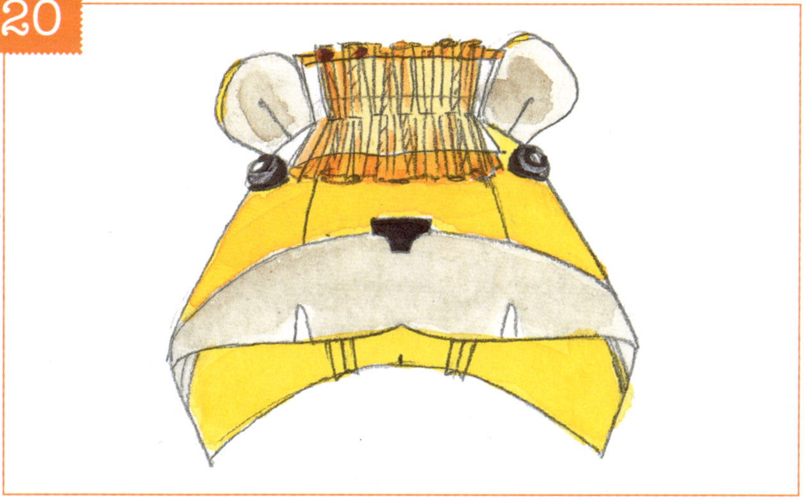

Am Kapuzenvorderteil den Abstand zwischen den Ohren abmessen. Von der Wollmähne die entsprechende Länge abschneiden (durch das Pauspapier und dann durch die Naht schneiden, vorsichtig von der übrigen Mähne abziehen). Die Naht der Mähne auf die Linie vorn in der Mitte der Kapuze legen, die zuvor abgemessen wurde; durch alle Lagen festnähen. Dieser Arbeitsschritt ist zeitintensiv; arbeiten Sie langsam und überprüfen Sie häufig, dass die Platzierung stimmt.

21

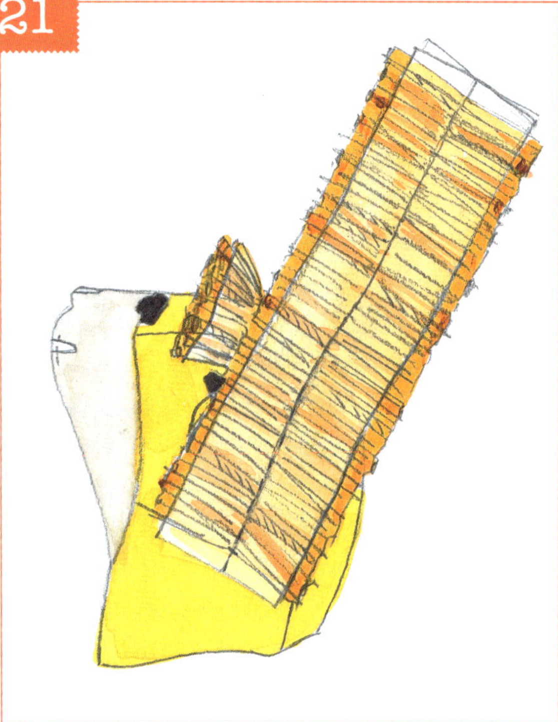

Am Ende der aufgezeichneten Linie unten links an der Kapuzenvorderseite beginnend, die Nahtlinie der restlichen Mähne auf die aufgezeichnete Linie auf der Kapuze legen. Die Mähne durch alle Lagen festnähen, langsam arbeiten und die Lage der Kapuze häufig nachführen, bis die gesamte Länge durch die Maschine gelaufen ist. Dieser Arbeitsschritt ist noch zeitintensiver; arbeiten Sie auch hier wieder langsam und prüfen Sie die richtige Lage häufig. Nähen Sie über die Kapuzenmitte und auf der anderen Seite hinunter. Falls die Mähne nicht ausreicht, fügen Sie ein zusätzliches Stück an, das Sie vorbereiten wie zuvor. Sobald die Mähne sicher angenäht ist, alles Papier vorsichtig herausziehen. Sie können die Kapuze flach auf den Tisch legen und die Löwenmähne auf die gewünschte Länge zurückschneiden.

22

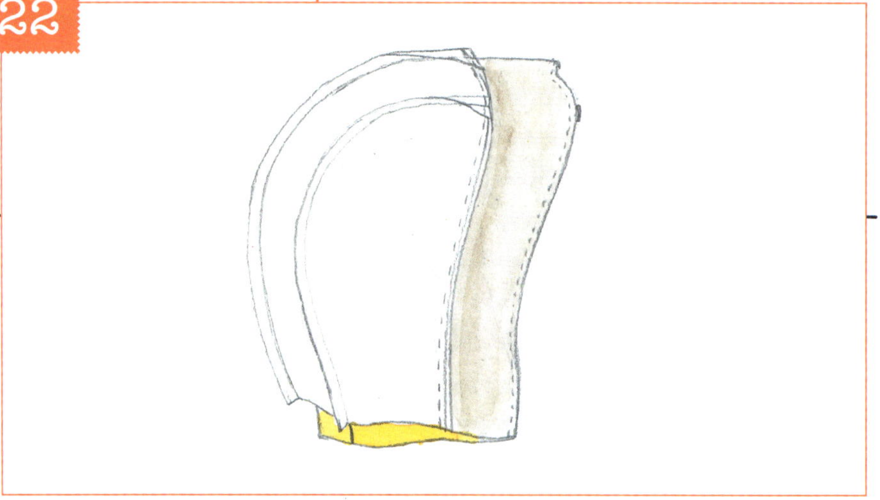

Die Kapuze rechts auf rechts in das Futter einpassen. An der Vorderkante mit 0,5 cm Nahtzugabe zusammennähen, dabei die Zähne zwischen die beiden Stofflagen nehmen. Auf rechts wenden. Den Oberstoff der Kapuze sehr nah an der Vorderkante der Kapuze unternähen, dabei die Nahtzugabe festnähen. Das Kapuzenfutter am unteren Rand an die Kapuze nähen als Vorbereitung für das Einsetzen in die Jacke.

23

Die Kapuze rechts auf rechts entsprechend den Einschnitten auf die Jacke legen und zusammenstecken. Die Kapuze mit 1 cm Nahtzugabe an die Jacke nähen. Den Schwanz wie abgebildet mit 0,5 cm Nahtzugabe so annähen, dass er sich bewegen kann. Den Schwanz oben auf die Jacke stecken, damit er während der weiteren Fertigstellung nicht stört. Die Einschnitte der vorderen Ränder der Jackenvorderteile mit den Rändern des Futters passend rechts auf rechts aufeinanderlegen und zusammennähen.
Die Jackenvorderteile entsprechend den Einschnitten jeweils nach hinten umlegen, damit sie, wie unten abgebildet, einen Besatz bilden. Die Jacke am Halsausschnitt und am Saum mit dem Futter erst zusammenstecken, dann diese Nähte schließen.

24

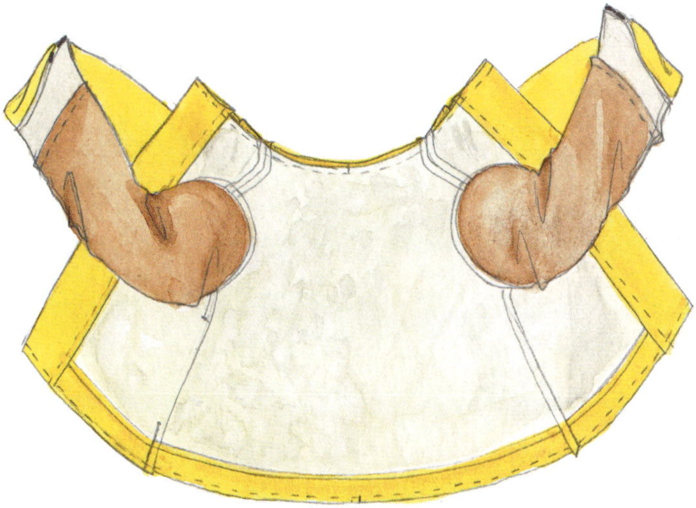

Die Enden des Ärmelfutters rechts auf rechts mit den Enden des Ärmeloberstoffs zusammenstecken; dabei zuerst die Ärmelnähte aufeinanderlegen. Zusammennähen. Die Jacke durch die Öffnung in der Seitennaht des Futters vorsichtig auf rechts wenden. Diese Öffnung im Futter per Hand oder mit der Maschine zunähen. Saum und vordere Ränder bügeln. Die Platzierung von Knöpfen und Knopflöchern auf den Vorderteilen der Jacke wie im Schnittmuster angegeben markieren. Knopflöcher nähen und die Knöpfe annähen.
Nun kann Ihr kleiner Löwe brüllen und spielen!

GRÖSSE:
mittel
LEVEL 3

Bärenstarke Weste

Eine Weste mit bärigen Elementen: Die hinreißende Kapuze und die Bärentatzentaschen aus Webpelz sind weich und gemütlich, und alles ist mit wärmendem Fleecestoff gefüttert. Experimentieren Sie beim Webpelz ruhig mit verschiedenen Farben. Diese Weste wurde aus fertigem Steppstoff genäht, ein nicht gesteppter Wollstoff eignet sich jedoch ebenso gut.

Material

Stepp- oder Webstoff für die Weste: 90 cm; 2-mal A, B, C, D zuschneiden

Webpelz: 45 cm; 2-mal H , 4-mal K, L, M, 2-mal N, 2-mal O zuschneiden

Fleece für das Futter: 90 cm; F, 2-mal G, 2-mal H, 2-mal I, J zuschneiden

schwarzer Filz für die Krallen: Rest, 25 × 25 cm; 12-mal E zuschneiden

Knöpfe: 4 Stück, 1,5 cm Durchmesser

Wattierung zum Ausstopfen der Krallen

passendes Nähgarn

Schnittmuster: siehe Seite 114

Eine Anmerkung, bevor Sie loslegen

Je nach Florhöhe (Länge der Haare) des Webpelzes kann es einfacher sein, den Flor bei den Nahtzugaben zurückzuschneiden, um Wülste zu vermeiden. Bei diesem Projekt arbeiten wir überwiegend mit 1 cm Nahtzugabe, um den Flor unterzubringen.

1

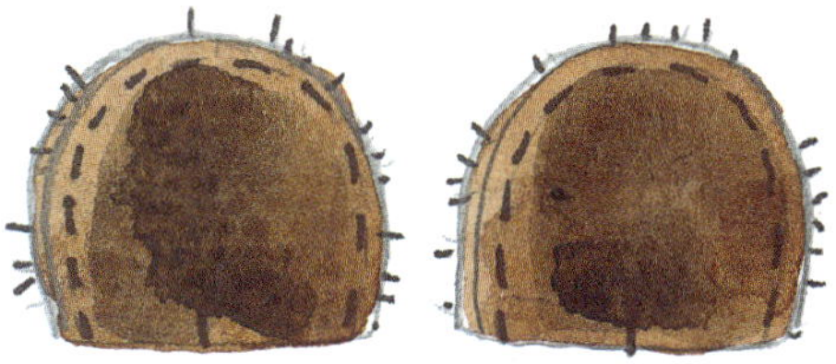

Die Ohren rechts auf rechts mit 1 cm Nahtzugabe zusammennähen. Auf rechts wenden.

2

Die Seitenteile der Kapuze rechts auf rechts mit 1,5 cm Nahtzugabe an das obere und untere Mittelteil der Kapuze nähen. Die Seitenteile des Kapuzenfutters entsprechend den kleinen Einschnitten rechts auf rechts an das Futter des Kapuzenmittelteils nähen.

3

Die Ohren von rechts in die Öffnungen oben in der Kapuze wie abgebildet einsetzen. Von der Mitte aus jeweils zum Ende hin nähen, in der Mitte mit 1,5 cm Nahtzugabe beginnen und auf jeder Seite der Kapuze auslaufen lassen.

4

Das Kapuzenfutter wie abgebildet rechts auf rechts mit dem Kapuzenrand so zusammennähen, dass die Nähte aufeinanderliegen. Das Futter in die Kapuze stülpen und unten am Halsrand an den Oberstoff nähen Die Kapuze ist nun fertig, um in die Weste eingesetzt zu werden.

5

Den oberen Rand der Brusttasche 2,5 cm nach links umschlagen, 2 cm vom Rand absteppen. Rund um die Tasche 1 cm wie abgebildet sauber nach links umschlagen, bügeln. Die Tasche wie abgebildet von rechts auf das linke Vorderteil der Weste legen und knapp 3 mm vom Rand aufsteppen.

6

Die Rückenpasse rechts auf rechts mit 1,5 cm Nahtzugabe an das Rückenteil der Weste nähen. Vorder- und Rückseite des Schwanzes rechts auf rechts mit 1 cm Nahtzugabe zusammennähen. Auf rechts wenden und bei dem kleinen Einschnitt in der Mitte des Rückenteils an die Weste nähen.

7

Entsprechend den kleinen Einschnitten die Kapuze wie abgebildet mit 1 cm Nahtzugabe an die Weste nähen. Die Besätze der Vorderteile an den Einschnitten nach links umschlagen und bügeln.

8

Die Seiten- und Schulternähte von Vorderteilen und Rückenteil der Weste rechts auf rechts mit 1,5 cm Nahtzugabe schließen. Diesen Vorgang beim Westenfutter wiederholen und das Westenfutter rechts auf rechts mit 1 cm Nahtzugabe an die Besätze der Vorderteile nähen.

9

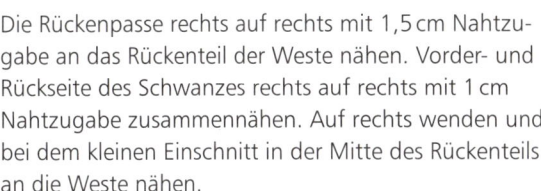

Diese Besätze bei den Einschnitten nach links umschlagen und die Weste an der Halsausschnittnaht (die Kapuze liegt zwischen beiden Stoffschichten) und der Saumnaht (der Schwanz liegt zwischen beiden Stoffschichten) mit dem Futter zusammennähen. Durch ein Armloch auf rechts wenden.

10

Die Vorderseiten der kleinen schwarzen Krallen rechts auf rechts mit 0,5 cm Nahtzugabe auf die Rückseiten der Krallen nähen. Die Nahtzugabe auf 3 mm zurückschneiden, die Krallen auf rechts wenden und mit Baumwollwattierung ausstopfen. Mithilfe eines Essstäbchens die Füllung in die Spitze jeder Kralle schieben.

11

Die Krallen bei den kleinen Einschnitten auf den Vorderseiten der Webpelztatzen durch alle Lagen festnähen.

12

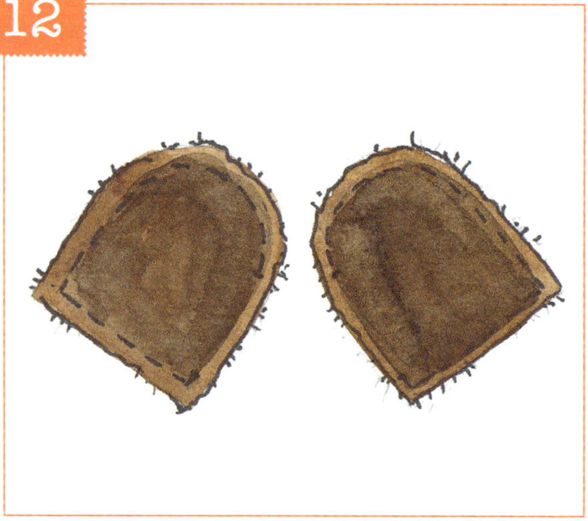

Das Taschenfutter rechts auf rechts auf die Webpelztatzen nähen, dabei zwischen den Einschnitten offen lassen. Auf rechts wenden, die Schnittkanten der Öffnungen nach innen umschlagen und die Öffnung mit Stecknadeln schließen.

13

An jedem Armloch Futter und Oberstoff 1 cm nach links umschlagen. Seiten- und Schulternähte passend zusammenstecken. Das Futter knapp 0,5 cm vom Rand rund um jedes Armloch sorgfältig festnähen. Den Saum 0,5 cm vom Rand absteppen.

14

Die Tatzen wie im Schnittmuster angegeben auf den Vorderteilen platzieren und feststecken. Den Webpelz-Flor an den Kanten nach links umschlagen und die Tatzentaschen durch alle Lagen (Tatzentasche, Weste und Westenfutter) 3 mm vom Rand aufsteppen. Auf dem linken Vorderteil die Knopflöcher markieren und nähen. Auf dem rechten Vorderteil die Knöpfe markieren und annähen. Und nun wecken Sie Ihren kleinen Bären aus dem Winterschlaf und stecken ihn in seine neue Weste – Zeit für einen Waldspaziergang!

Gemütliche Koalamütze

GRÖSSE: mittel

LEVEL 2

Diese Koalamütze, die nicht nur schön warm hält, sondern auch entzückend aussieht, vermittelt den lieben Kleinen, dass es richtig Spaß machen kann, bei Kälte eine Mütze aufzusetzen! Angefertigt aus Wollfilz, der mit weichem, abgestepptem Fleece gefüttert wird, zaubert diese Mütze mit Sicherheit ein Lächeln ins Gesicht ihres kleinen Trägers.

Material

grauer Wollfilz: 45 cm; 2-mal A, B, C, 4-mal D, E, F zuschneiden

weißer Wollfilz: 22 cm; G, 2-mal H, 2-mal I zuschneiden

schwarzer Wollfilz: 7,5 × 7,5 cm; J zuschneiden

Fleece oder Sherpa als Futter: 45 cm; K, 2-mal L zuschneiden

Aufbügelvlies: 45 cm; 2-mal A, B, C zuschneiden

halbkugelförmige (oder ähnliche) Knöpfe für die Augen: 2 Stück

Klettband: 5 cm

passendes Nähgarn

Stoffkleber

Schnittmuster: siehe Seite 115

1

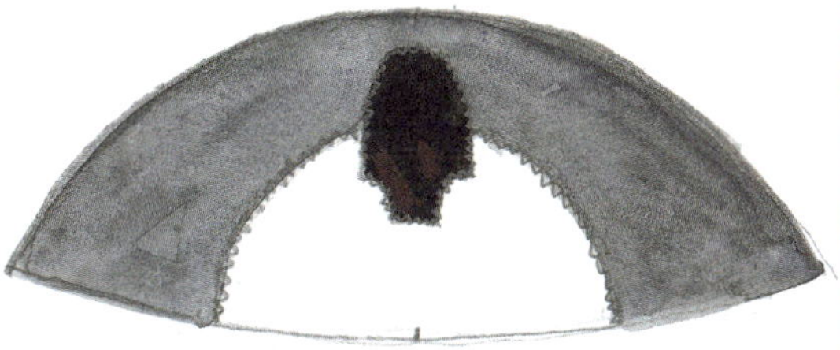

Entsprechend den Herstellerangaben das Vlies von links auf die Seitenteile und den Mittelteil der Mütze und die Schnauze (Nase und Teil der Wangen) bügeln. Den weißen Halbkreis auf die Schnauze legen und mit Stoffkleber fixieren. Im Zickzack- oder Applikationsstich festnähen. Die Nase aufsetzen, mit Stoffkleber fixieren und mit passendem Nähgarn im Zickzackstich festnähen.

2

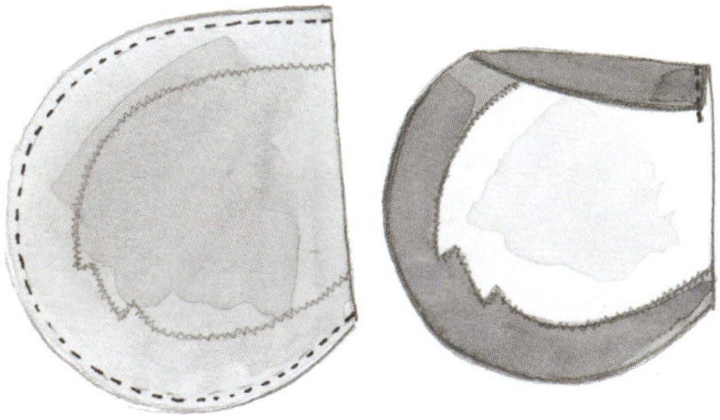

Die weißen Mittelstücke der Ohren von rechts auf die Ohren legen und mit Stoffkleber fixieren. Die Ränder mit passendem Garn im Zickzackstich festnähen. Die Rückseiten mit den Vorderseiten der Ohren rechts auf rechts mit 0,5 cm Nahtzugabe zusammennähen. Die obere Kante des Ohrs nach unten umschlagen und annähen.

3

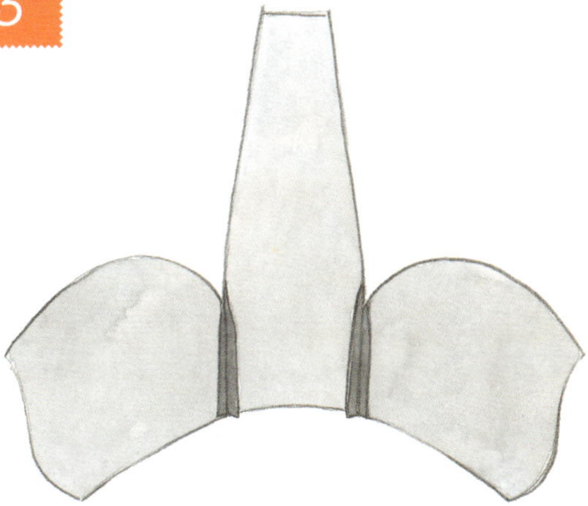

Seitenteile der Mütze ab dem vorderen Rand rechts auf rechts mit 0,5 cm Nahtzugabe an das Mittelteil nähen, dabei die Naht in der Mitte unterbrechen, damit eine Öffnung für die Befestigung der Ohren entsteht. Die Nähte auseinanderbügeln.

4

Entsprechend den Einschnitten mit 0,5 cm Nahtzugabe die Schnauze an Seitenteile und Mittelteil der Mütze nähen; Nähte auseinanderbügeln. Dort, wo die Nähte von Seitenteilen, Mittelteil und Schnauze zusammentreffen, die weißen Hintergrundstücke für die Augen platzieren, mit Stoffkleber fixieren. Mit passendem Garn im Zickzackstich festnähen. Die Knöpfe für die Augen auf die Filzteile nähen.

5

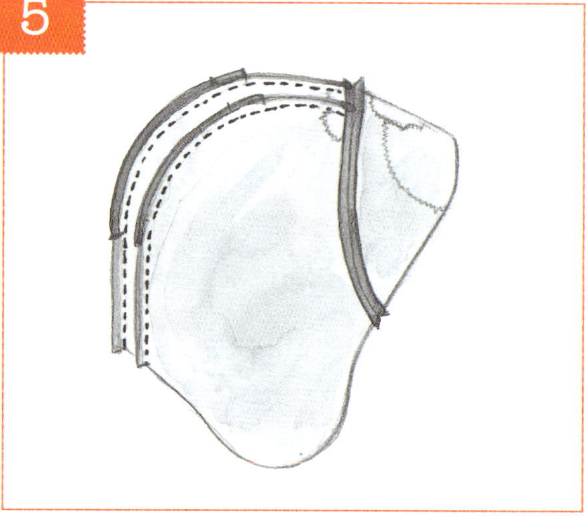

Die Ohren des Koalas so in die Öffnungen der Seitennähte der Mütze stecken, dass die Nähte übereinanderliegen, und sie annähen. Auf rechts wenden.

6

Sie können die Ohren mit unsichtbaren handgenähten Stichen 2,5 cm von der Stelle, an der sie an die Mütze genäht sind, seitlich fixieren: von innen durch die Mütze stechen und beim Nähen nur jeweils in die Vorderseite jedes Ohrs stechen. Die glatte Seite des Hakenteils des Klettbandes auf der rechten Seite der Mütze annähen.

7

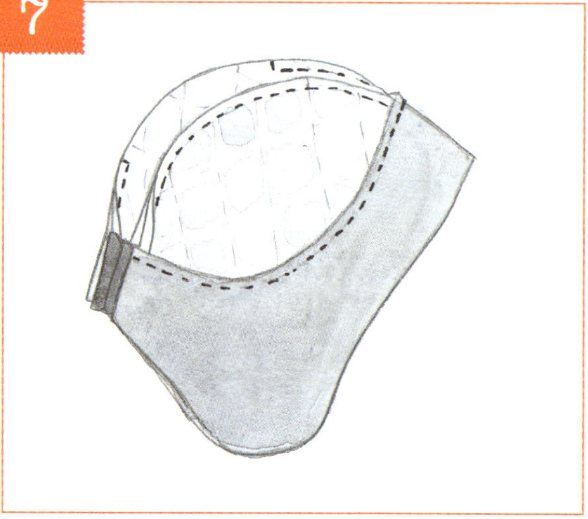

Das Mittelteil des Mützenfutters mit 0,5 cm Nahtzugabe an die Seitenteile des Futters nähen, zwischen den Einschnitten offen lassen. Den Besatz in der Mitte hinten mit 0,5 cm Nahtzugabe zunähen, Naht auseinanderbügeln. Die Einschnitte von Besatz und Futter passend legen, mit 0,5 cm Nahtzugabe zusammennähen.

8

Jede lange Seite des Kinnriemens 0,5 cm nach links umschlagen und bügeln. Alle Seiten des Kinnriemens 0,5 cm vom Rand absteppen. Das Flauschteil des Klettbandes auf der glatten Seite mit Stoffkleber bestreichen und am Ende des Kinnriemens festkleben. Anschließend mit einer Steppnaht festnähen. Den Kinnriemen wie abgebildet auf der linken Seite der Mütze platzieren. 0,5 cm vom Rand durch alle Lagen festnähen. Den Riemen an der Mütze feststecken, damit er während der nächsten Arbeitsschritte nicht stört.

9

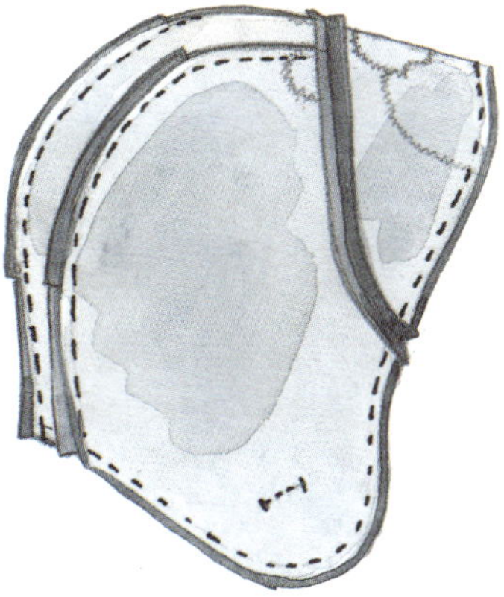

Mütze und Mützenfutter rechts auf rechts mit der Innenkante des Besatzes entsprechend den Einschnitten aufeinanderlegen. Mit 0,5 cm Nahtzugabe zusammennähen. Durch die Öffnung in der linken Futternaht auf rechts wenden.

10

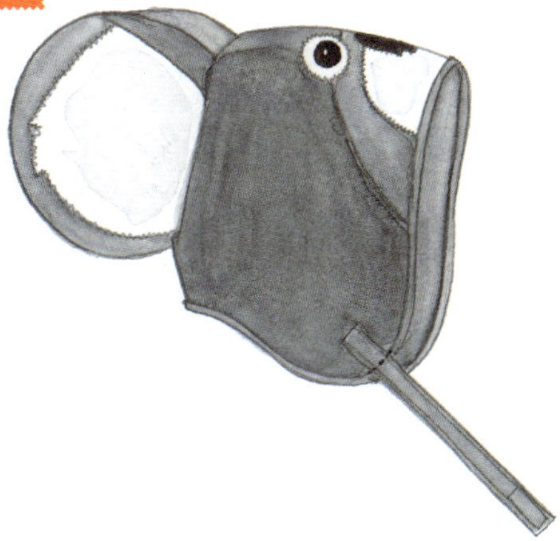

Um eine „falsche Biese" zu nähen, den Rand des Besatzes knapp 0,5 cm nach außen schieben und knapp 0,5 cm vom Rand durch alle Lagen übersteppen. Das offene Nahtstück im Futter mit der Hand unsichtbar zunähen. Die Stecknadel aus dem Kinnriemen nehmen und diesen nach unten umlegen; auf der „Biese" festnähen.

Rock „Kleiner Leopard“

GRÖSSE:
mittel
LEVEL 1

Im Leopardenmuster dieses Rocks versteckt sich ein hübsches Kätzchen! Sein Gesicht ist vorne auf dem Rock zu sehen, und sein schickes Schwänzchen folgt ihm überallhin. Es handelt sich zudem um ein schnelles Projekt, das in wenigen Stunden fertig ist. Durch die Wahl verschieden bedruckter Stoffe entstehen unterschiedliche Kätzchen. Wie wäre es zum Beispiel mit Kätzchen in geblümtem Feincord oder in Baumwollsamt mit Pünktchenmuster?

Material

Baumwollsamt im Leopardenmuster (oder etwas Ähnliches): 90 cm; A, 2-mal B, 2-mal C, 2-mal D, 2-mal E, F, G, 2-mal H zuschneiden

rosa Taft: Rest, ca. 11 cm; 2-mal H, L zuschneiden

schwarzer Baumwollsamt (oder etwas Ähnliches): Rest, 10 × 15 cm; 2-mal I, 2-mal J, K zuschneiden

Aufbügelvlies: 10 × 20 cm

dünne Bügeleinlage

Knöpfe für die Augen: 2 Stück, 1,3 cm Durchmesser

2 cm breites Gummiband: 45 cm; M zuschneiden

passendes Nähgarn

Schnittmuster: siehe Seite 115

1

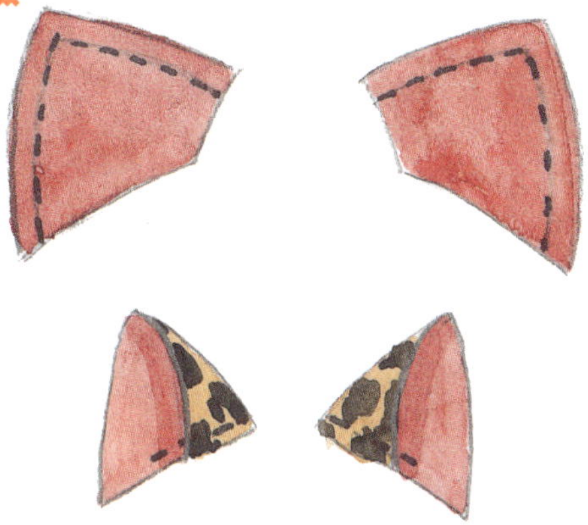

Die rosa Vorderseiten der Ohren rechts auf rechts mit 0,5 cm Nahtzugabe mit den Rückseiten der Ohren im Leopardenmuster zusammennähen. Die Ecken abschneiden, die Ohren wenden und bügeln. Die innere Ecke jedes Ohrs wie abgebildet umschlagen und dann zusammenheften.

2

Die Umrisse des Leopardengesichts auf die Papierseite des Aufbügelvlieses zeichnen. Auf die Rückseite des Gesichts aufbügeln. Das Vlies auf ein 10 × 15 cm großes Stück schwarzen Baumwollsamt und ein 5 cm großes Quadrat aus rosa Taft aufbügeln. Die Formen für Augen, Schnäuzchen und Nasenumrissstreifen auf die Papierseite des schwarzen Samts und ein Dreieck für die Nasenspitze auf die des rosa Tafts aufzeichnen und ausschneiden. Die Papierschicht von allen Stoffteilen abziehen.

3

Nasenränder, Augen, Nasenspitze und Schnäuzchen auf die Vorderseite des Leopardengesichts legen und aufbügeln (dabei ein Bügeltuch verwenden). Die Papierschicht von der Rückseite des Leopardengesichts abziehen. Die einzelnen Elemente des Gesichts im Zickzack- oder Applikationsstich absteppen. Die Ohren hinter dem Gesicht platzieren und feststecken.

4

Gesicht und Ohren wie abgebildet auf die Vorderseite des Leopardenrocks legen, sorgfältig aufbügeln. Im Zickzack- oder Applikationsstich die Umrisse von Gesicht und Ohren absteppen.

5

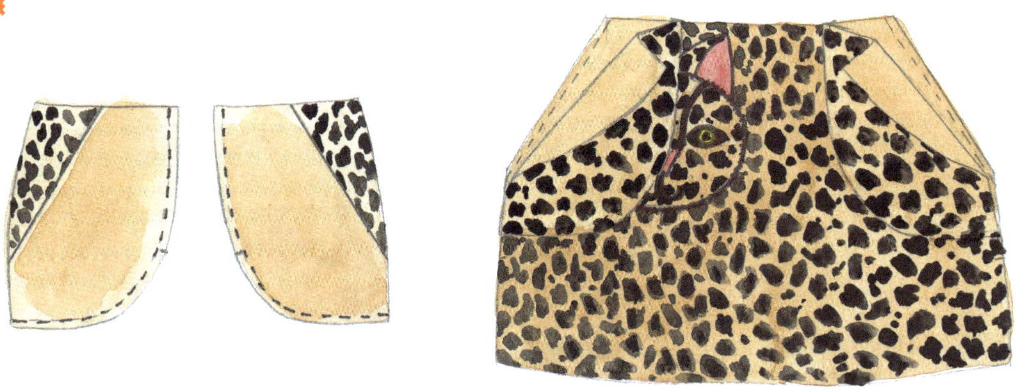

Die Rocktaschen rechts auf rechts entsprechend den Einschnitten mit dem Taschenfutter zusammennähen. Die Taschen auf rechts wenden und wie abgebildet auf die Vorderseite des Rocks aufnähen. Die Taschen entlang dieser Nähte nach hinten in den Rock umschlagen und wenden, sodass die rechten Seiten der Taschen wieder innen liegen. Die Taschenvorderkante 0,5 cm vom Rand absteppen. Das Taschenfutter in der Taille und der Seitennaht annähen.

6

Vorder- und Rückseite des Schwanzes rechts auf rechts mit knapp 0,5 cm Nahtzugabe zusammennähen. Auf rechts wenden und bügeln. Den Schwanz zwischen den Einschnitten auf einer Hälfte des Rockrückenteils platzieren, die zweite Hälfte des Rockrückenteils entsprechend den Einschnitten darüberlegen. Die Mittelnaht des Rockrückenteils so zusammennähen, dass der Schwanz zwischen beiden Rockteilen eingenäht wird. Die Nähte auseinanderbügeln.

7

Den Tunnel für das Gummiband wie folgt anfertigen: Den oberen Rockrand 0,5 cm nach innen umschlagen und bügeln. Am Einschnitt erneut 3 cm nach innen umschlagen und bügeln. 3 mm von jeder Umschlaglinie entfernt absteppen.

8

Anhand des Schnittmusters die Bügeleinlage passend zum vorderen Rockbund zuschneiden, auf dessen Rückseite aufbügeln. Den oberen Rand des Rocksbunds 0,5 cm nach innen umschlagen, bügeln. Bei den Einschnitten erneut umschlagen und bügeln, aufklappen. Den langen, aufgeklappten Rand rechts auf rechts entsprechend den Einschnitten durch alle Stofflagen vorne auf den Rock nähen.

9

Das Gummiband auf die richtige Länge schneiden und mithilfe eines Schlauchwenders durch den Tunnel des hinteren Rockteils ziehen. Die Enden mit einigen Stichen fixieren. Rechts auf rechts und entsprechend den kleinen Einschnitten Rockvorderteil und Rockrückenteil durch alle Stofflagen zusammennähen, dabei den vorderen Rockbund auslassen, wie abgebildet.

10

Den vorderen Rockbund nach innen umschlagen, dabei in den Seitennähten die Enden des Gummibands aufnehmen.

11

Um den Bund zu fixieren, von rechts die Naht übersteppen, mit welcher der Bund an das Rockvorderteil genäht wurde. Den Bund seitlich absteppen, um das Gummiband zu kaschieren. 0,5 cm von der Oberkante des Rockbunds und 0,5 cm von der Unterkante des Rockbunds in einem Zierstich absteppen. Den Saum 0,5 cm nach innen umschlagen und bügeln. Erneut 3 cm nach innen umschlagen und festnähen, entweder per Hand oder mit dem Saumstich der Nähmaschine.

Hemd für Elefantenfreunde

GRÖSSE: groß
LEVEL 1

Im Sommer ist es schwierig, kleine Jungs dazu zu bewegen, einmal etwas anderes als ein T-Shirt anzuziehen. Mithilfe dieser beiden freundlichen Elefanten sind die jungen Herren jedoch im Handumdrehen gut angezogen! Nähen Sie das Hemd aus einem cool bedruckten Baumwollstoff oder aus Madraskarostoff, und kombinieren Sie es für einen perfekten Look mit einer Khaki-Hose. Natürlich können Sie auch andere Farben und Stoffe verwenden, und wenn Sie ein Gummiband durch den Ärmelsaum ziehen, verwandeln Sie das Hemd im Nu in eine Mädchenbluse mit Puffärmeln.

Material

bedruckter Baumwollstoff: 1,80 m; D, 2-mal E, 2-mal F, 2-mal G, 2-mal H, 2-mal I zuschneiden

fester Baumwollstoff für die Elefanten: 45 cm; 2-mal A, 2-mal B, 4-mal C zuschneiden

weißer Leinenrest (oder etwas Ähnliches) für die Stoßzähne, falls gewünscht; in der gewünschten Größe und Form zuschneiden

passendes Nähgarn

Stickgarn in Kontrastfarben für Augen und Schwanz: 1 Strang

Knöpfe: 4 Stück, 1,3 cm Durchmesser

Schnittmuster: siehe Seite 120

1

Die Elefantenapplikationen wie abgebildet auf die beiden Vorderteile und das Rückenteil legen und feststecken. Stoßzähne sind bei den Applikationen nicht enthalten, auf Wunsch schneiden Sie diese aus dem weißen Leinen aus. Im Zickzack- oder Applikationsstich aufnähen, den Stoff immer wieder glattstreichen, damit sich keine Falten bilden.

2

Die Vorderseiten der Ohren rechts auf rechts mit 0,5 cm Nahtzugabe mit den Rückseiten der Ohren zusammennähen. Die runden Ecken einschneiden, die Ohren auf rechts wenden und bügeln. Die Ohren 3 mm vom Rand absteppen, dann rechts auf rechts auf die Elefanten legen und durch alle Lagen rundherum aufsteppen. Die Ohren in die endgültige Position umschlagen, bügeln, aufsteppen.

3

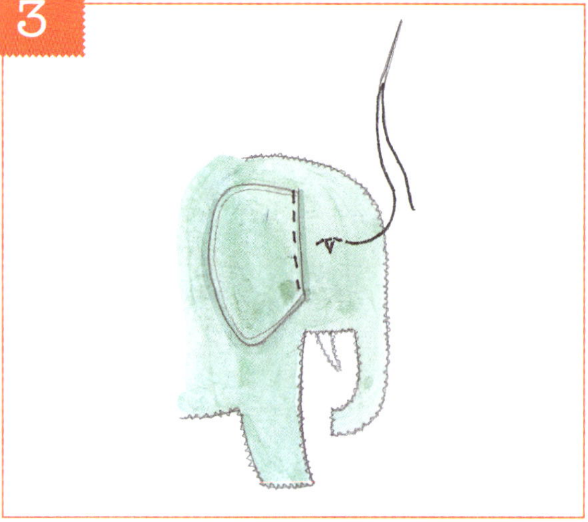

Stickgarn in einer mit den Elefanten kontrastierenden Farbe in eine dünne Sticknadel fädeln. Im Rückstich, wie oben zu sehen, per Hand die Augen aufsticken.

4

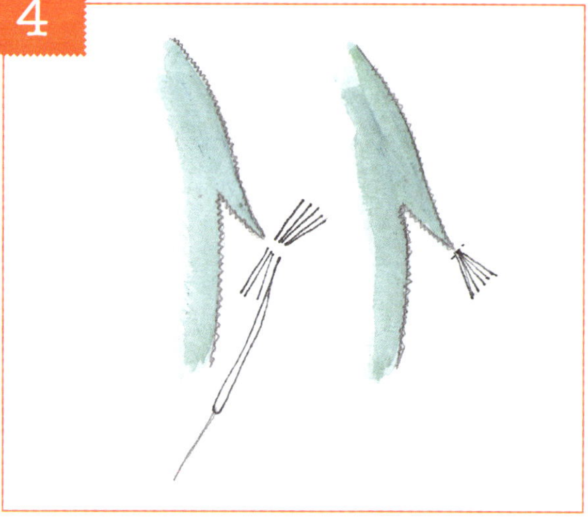

Für die Schwanzquasten mit demselben Stickgarn und der Sticknadel durch das Schwanzende stechen und das Garn so abschneiden, dass auf beiden Seiten des Einstichs 5 cm bleiben. Mehrmals wiederholen, bis die Schwanzquaste dick genug ist. Die oberen Fransen nach unten umschlagen und mit der Maschine mehrmals vor- und zurücknähen, um die Quaste zu sichern.

5

Für die Falten am Rückenteil des Hemdes entsprechend den Einschnitten den Stoff an der Passe falten und 1,5 cm vom Rand zusammenheften.

6

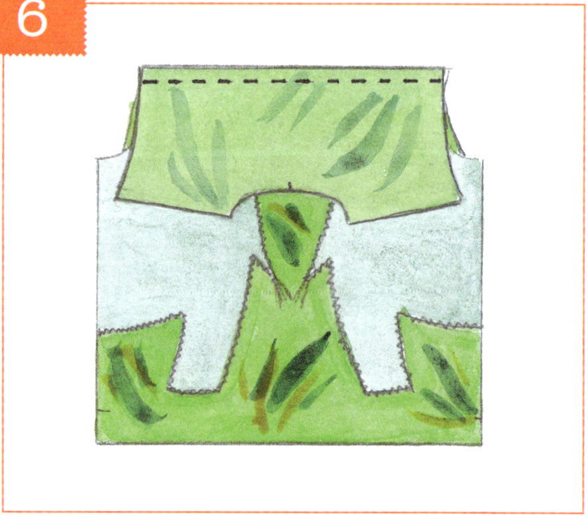

Die beiden Teile der Passe rechts auf rechts aufeinanderlegen und das Rückenteil des Hemdes zwischen beide Lagen nehmen und mit 1,5 cm Nahtzugabe zusammennähen. Die Passen nach oben umschlagen und bügeln, dann die Passen 3 mm über dem Rand absteppen.

7

Die obere Passe auf die Vorderteile des Hemds legen und die Schulternähte mit 1,5 cm Nahtzugabe schließen wie abgebildet. Die Schulternähte nach hinten bügeln. Bei der oberen Passe die Schulternähte 1 cm auf die linke Seite bügeln, die obere Passe auf die untere Passe umschlagen und die Schulternähte durch alle Lagen absteppen.

8

Die Ärmel rechts auf rechts und entsprechend den kleinen Einschnitten an das Hemd nähen. Die Nähte zu den Ärmeln hin bügeln.

9

Bei dem kleinen Einschnitt beginnend, die Kragenoberseite mit 1,5 cm Nahtzugabe an den Seiten und oben mit der Kragenunterseite zusammennähen. Auf rechts wenden und bügeln. 1 cm der Kragenoberseite am Halsrand nach links umschlagen und bügeln.

10

Den Außenrand der Vorderteilbesätze 0,5 cm nach links umschlagen und bügeln. Erneut 0,5 cm nach links umschlagen und bügeln, absteppen.

11

Entsprechend den Einschnitten in der Mitte des hinteren Halsausschnitts die Kragenunterseite rechts auf rechts mit 1,5 cm Nahtzugabe an den Halsausschnitt nähen.

12

Mit den Besätzen ebenso verfahren. Den oberen Rand der Besätze an den Vorderteilen 1 cm nach links umschlagen und bügeln. Die Besätze der Vorderteile bei den Einschnitten nach links umschlagen. Wie abgebildet am Halsausschnitt entlang mit 1,5 cm Nahtzugabe nähen, dabei das untere Kragenteil zwischen das Hemdteil und die Besätze nehmen, das obere wird nicht mitgenäht.

13

Die Besätze nach innen wenden. Das obere Kragenteil 3 mm von der Naht durch alle Lagen wie abgebildet mit dem unteren Kragenteil absteppen. Die Schulternähte 3 mm von der Naht absteppen und dabei den umgeschlagenen oberen Rand der Vorderteilbesätze mit in die Naht nehmen.

14

Mit 1,5 cm Nahtzugabe die Ärmelnähte und Seitennähte rechts auf rechts schließen, hierzu das Nähstück drehen, wenn Sie unten am Armausschnitt angekommen sind.

15

Die Ärmel säumen, hierzu 0,5 cm nach links umschlagen, dann erneut 1,5 cm und 1 cm vom Rand absteppen. Das Hemd unten säumen, hierzu 0,5 cm nach links umschlagen und bügeln, dann erneut 2,5 cm nach links umschlagen und 2 cm vom Rand absteppen. Auf der Leiste des linken Vorderteils Knopflöcher wie im Schnittmuster angegeben nähen. Auf der Leiste des rechten Vorderteils die Knöpfe passend zu den Knopflöchern annähen. Rufen Sie Ihren kleinen Abenteurer und sagen Sie ihm, es ist Zeit für eine Safari!

Waldtiere

GRÖSSE:
mittel
LEVEL 2

Hasenjacke

Dieses Kurzmäntelchen eignet sich perfekt für Frühlingstage. Aus grauem oder braunem Wollstoff wirkt es absolut bezaubernd, wenn kleine Hasen darin Ostereier suchen. Aus Kaschmirgewebe in der kleinsten Größe angefertigt, wird daraus ein unvergessliches Geschenk für eine werdende Mama.

Material

Wollwebstoff: 1,80 m; 2-mal A, 2-mal B, C, D, E, F, 2-mal G, 2-mal H, 4-mal I, J zuschneiden

bedruckter Baumwollstoff: 1,80 m; 2-mal K, L, 2-mal M, N, 2-mal O, 2-mal P, 2-mal Q, R zuschneiden

passendes Nähgarn

großer Metalldruckknopf: 1 Stück

flauschiges Strickgarn für den Schwanz: 1 Knäuel

Pappe für das Anfertigen des Schwanzes: 9 × 15 cm

Schnittmuster: siehe Seite 116

Schrägband für die Einfassung: 5 cm breit (fertige Breite 1,4 cm); 6,70 m

1

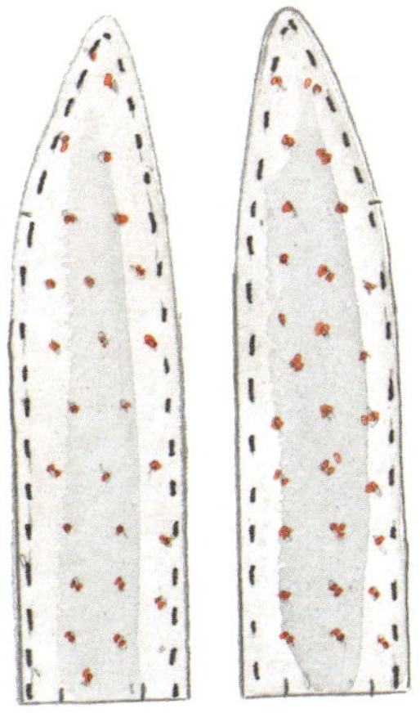

Die Vorderseiten der Hasenohren rechts auf rechts mit 0,5 cm Nahtzugabe mit den Rückseiten der Hasenohren zusammennähen, am unteren Ende offen lassen. Auf rechts wenden und bügeln.

2

Die unteren Ecken der Ohren bei den Einschnitten wie abgebildet nach vorne umschlagen und zusammenheften. Welches das rechte und welches das linke Ohr ist, erkennen Sie an der langen Kante mit Einschnitt – die eingekerbte lange Kante ist die Außenseite des Ohrs. Sie können dies auch mit einer Stecknadel markieren, wenn die Ohren auf rechts gewendet sind.

3

Für das Futter die Seitenteile rechts auf rechts mit 0,5 cm Nahtzugabe mit dem Mittelteil zusammennähen. Die Ohren zwischen den Einschnitten an den Kapuzenseiten feststecken, der bedruckte Stoff schaut zur rechten Seite der Seitenteile. Das Mittelteil mit 0,5 cm Nahtzugabe an die Seitenteile nähen, dabei die Ohren einnähen.

4

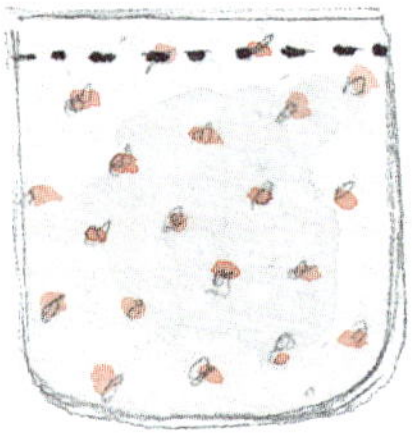

Die Vorderseite der Tasche an der Oberkante rechts auf rechts mit der Rückseite der Tasche zusammennähen. Auf rechts wenden.

5

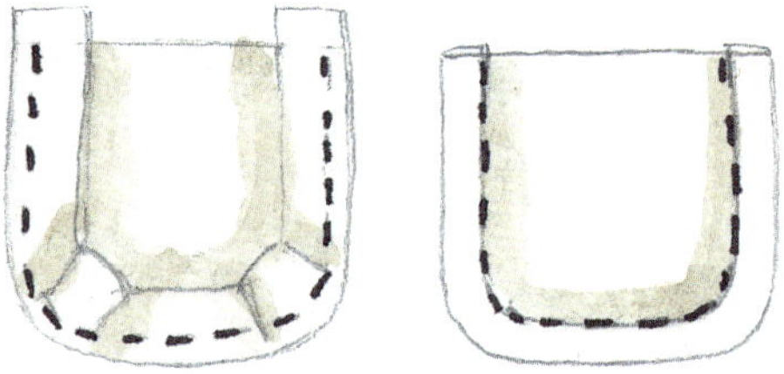

Ein Schrägband mit 1,5 cm Nahtzugabe wie abgebildet durch alle Stofflagen rechts auf rechts auf die drei offenen Kanten der Tasche nähen. Das Schrägband um die Ränder der Tasche auf die Futterseite umschlagen, die Enden oben ordentlich nach unten umschlagen. Bügeln und zum Sichern die Naht übersteppen.

6

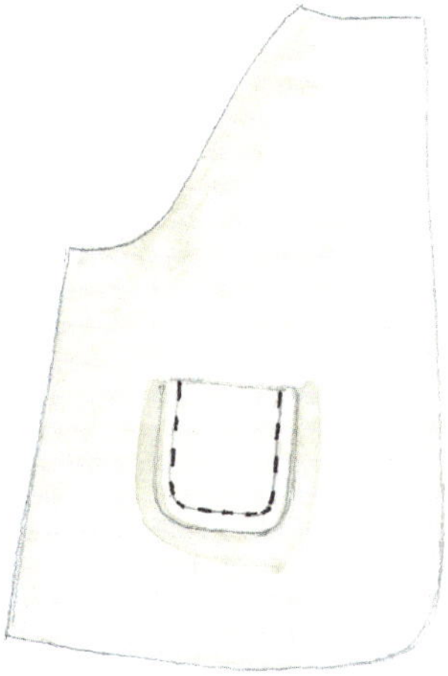

Die Tasche wie abgebildet an der im Schnittmuster angegebenen Stelle auf das rechte Vorderteil legen. Wieder die Naht durch alle Lagen übersteppen.

7

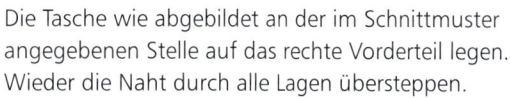

Die Vorderseiten der Ärmel mit 0,5 cm Nahtzugabe rechts auf rechts entsprechend den Einschnitten an die Vorderteile der Jacke nähen. Diesen Arbeitsschritt mit dem Futter (Vorderseite der Ärmel und Vorderteile Jacke) wiederholen.

8

Die Rückseiten der Ärmel mit 0,5 cm Nahtzugabe rechts auf rechts entsprechend den Einschnitten an das Rückenteil der Jacke nähen. Diesen Arbeitsschritt mit dem Futter (Rückseite der Ärmel und Rückenteil der Jacke) wiederholen.

9

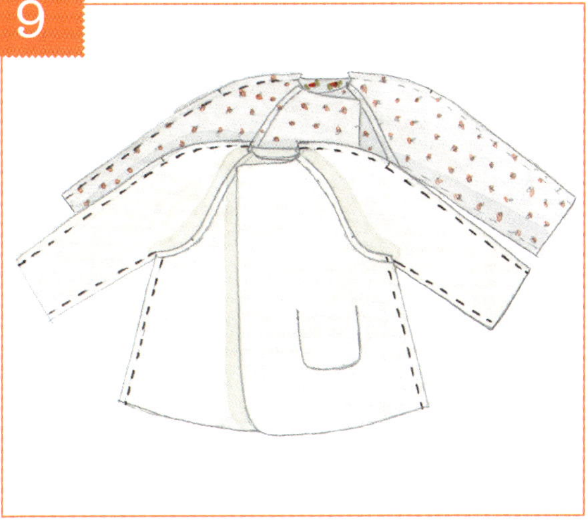

Das Vorderteil der Jacke an den Schulternähten, den Ärmelnähten und Seitennähten mit 1,5 cm Nahtzugabe rechts auf rechts und entsprechend den Einschnitten mit dem Rückenteil der Jacke zusammennähen. Diesen Arbeitsschritt beim Futter (Schulter-, Ärmel- und Seitennähte) wiederholen. Die Jacke auf rechts wenden.

10

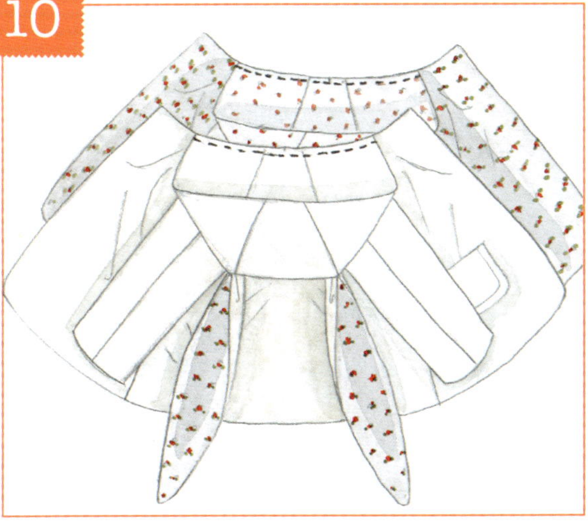

Die Kapuze rechts auf rechts entsprechend den Einschnitten an den Halsausschnitt der Jacke nähen. Mit dem Kapuzen- und Jackenfutter wiederholen. Das Futter sorgfältig in die Jacke einpassen, dabei die Außenränder gut aufeinander abstimmen und zusammenstecken.

Anmerkung

Wenn Sie eine Overlock-Nähmaschine haben, können Sie die lange Innenkante des Schrägbandes versäubern. Alternativ können Sie die Kante mit einer normalen Nähmaschine im Zickzackstich versäubern. Da die Schrägbandkanten nicht ausfransen, ist es jedoch auch absolut in Ordnung, die Kante unversäubert zu lassen.

11

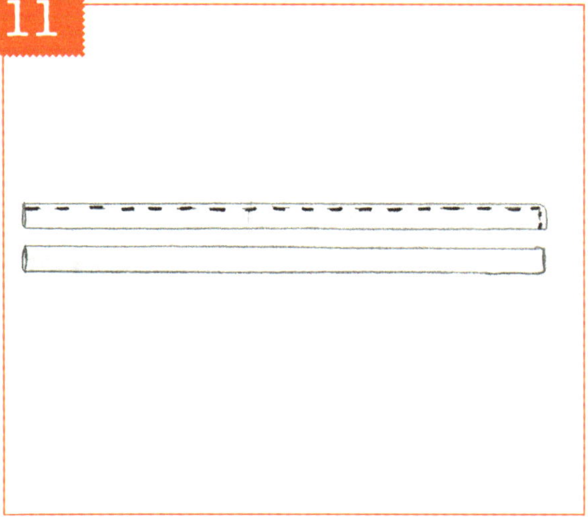

Für die Verschlussbänder jedes Band der Länge nach in der Mitte rechts auf rechts zusammenlegen. Die langen Seiten und eine kurze Seite zusammennähen. Mit einem Schlauchwender auf rechts wenden und bügeln. Zwei Bänder bei den Einschnitten so auf das rechte Vorderteil stecken, dass die offenen Enden der Bindebänder und die offene Kante des Jackenvorderteils aufeinanderliegen.

12

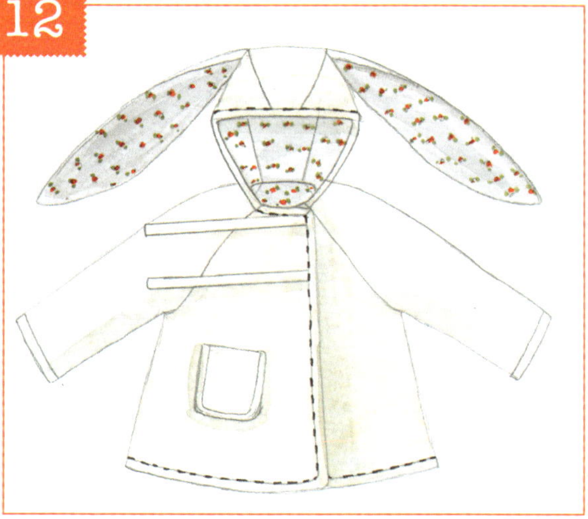

Von der linken Seitennaht aus das Schrägband mit 1,5 cm Nahtzugabe rechts auf rechts an den unteren Rand der Jacke, um das linke Vorderteil, die Kapuze, das rechte Vorderteil hinunter (zwischen Jackenkante und Schrägband fixieren) und um den vorderen und hinteren Saum nähen, am Startpunkt an der linken Seitennaht enden. Die Unterkante der Ärmel mit Schrägband einfassen.

13

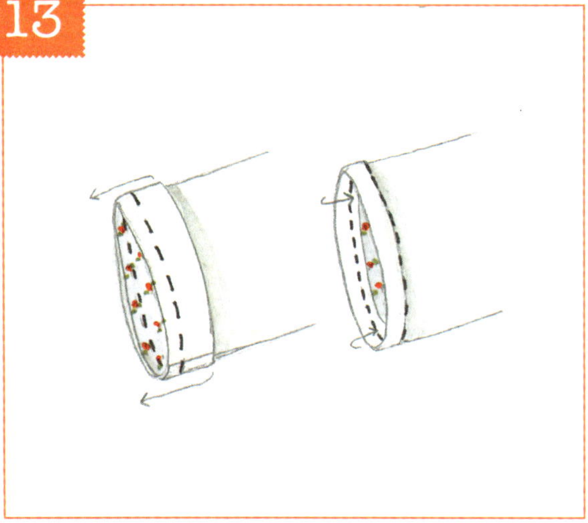

Das Schrägband nach innen umschlagen und bügeln; rundherum die Naht übersteppen, um die offenen Kanten einzufassen. An Rundungen und Ecken besonders sorgfältig arbeiten – das Schrägband dehnt sich hier etwas. Die Bindebänder am rechten Vorderteil zur offenen Jackenseite hin umschlagen und annähen.

14

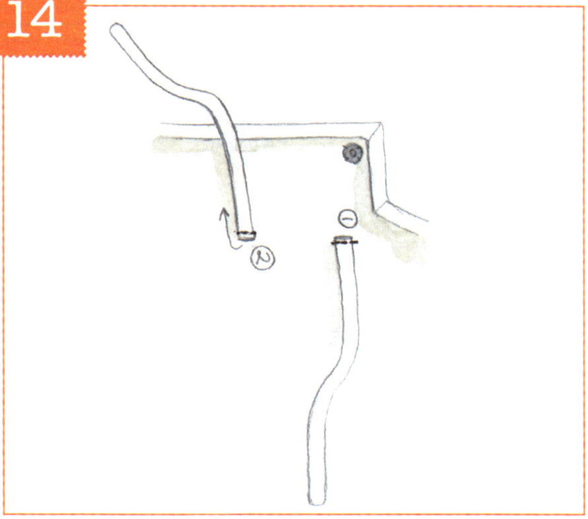

Die Teile des Druckknopfs wie im Schnittmuster angegeben links und rechts an das Futter der Vorderteile nähen. Die offenen Enden der übrigen Bindebänder an den Stellen annähen, die im Schnittmuster für das linke Vorderteil angegeben sind (1). Zum offenen Rand hin umschlagen und absteppen, um die offene Kante zu verbergen (2).

15

Für das Puschelschwänzchen das flauschige Garn um ein 9 cm breites und 15 cm langes Stück Pappe wickeln. So oft herumwickeln, bis das Garn auf jeder Seite der Pappe etwa 2,5 cm hoch liegt (wie oft dafür gewickelt werden muss, hängt von der Dicke des Garns ab).

In eine Sticknadel eine doppelte Länge Garn einfädeln und wie abgebildet unter allen Lagen hindurchfädeln, diesen doppelten Faden fest verknoten. An der dem Knoten gegenüberliegenden Seite alle Fäden durchschneiden und die Pappe herausnehmen.

16

Den Schwanz aufschütteln, falls nötig ungleiche Längen zuschneiden. Am Rückenteil der Jacke mit der Hand annähen, dabei den Knoten in der Mitte des Schwanzes mit einbeziehen. Alternativ den Schwanz auf eine große Sicherheitsnadel nehmen und feststecken, so kann er zum Waschen einfach abgenommen werden.

GRÖSSE:
mittel
LEVEL 2

Waschbärweste

Waschbären mit ihren maskenähnlichen Zeichnungen im Gesicht sind nicht nur putzig, sondern wirklich schlaue Schelme, die eine Vorliebe dafür haben, überall ihre Nase hineinzustecken. Dieser kleine Waschbär ist garantiert brav – er kommt als Weste im Fischgrätmuster daher und ist durch den abnehmbaren Schwanz und das Fleecefutter ein funktioneller Spaß!

Material

Wolltweedstoff (oder etwas Ähnliches): 90 cm; A, 2-mal B, C, D, E, F, G, 2-mal H, 2-mal I zuschneiden

Fleece für das Futter: 90 cm; 2-mal Q, R, S, 2-mal T zuschneiden

cremefarbener Wollfilz für das Gesicht: 22 cm; 2-mal I, 2-mal J, 2-mal K, 2-mal L zuschneiden

schwarzer Wollfilz oder Wollwebstoff für Gesicht und Schwanz: 11 cm; M, 2-mal N, 2-mal O, P zuschneiden

passendes Nähgarn

Schablone für das Gesicht: V, nicht ausschneiden; bei der Platzierung der einzelnen Elemente zur Orientierung verwenden

Bügeleinlage: 22 cm; U zuschneiden

Knöpfe für die Augen: 2 Stück, 2,5 cm Durchmesser; für das Vorderteil der Weste: 4 Stück, 1,5 cm Durchmesser

Band oder Kordel als Durchziehband: 1,35 m

Strickgarn für den Schwanz: ½ Knäuel cremefarben, ½ Knäuel schwarz

Klettband: 1 Stück, 1,5 × 7,5 cm

Pauspapier für das Anfertigen des Schwanzes

Pappe für das Anfertigen des Schwanzes

Stoffkleber

Schnittmuster: siehe Seite 118

1

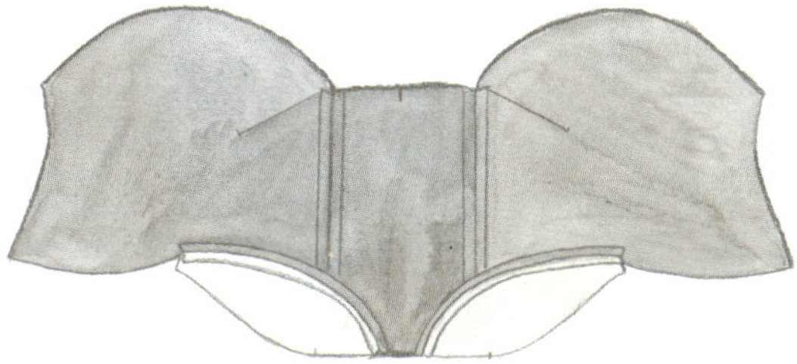

Die Seitenteile der Kapuze rechts auf rechts mit 0,5 cm Nahtzugabe bis zu den Abnähern an das vordere Mittelteil der Kapuze nähen. Die Nähte auseinanderbügeln. Die Wangen des Waschbärs wie abgebildet rechts auf rechts mit 0,5 cm Nahtzugabe auf die Kapuze nähen. Die Nähte auseinanderbügeln.

2

Die schwarze „Augenmaske" wie im Schnittmuster angegeben mit etwas Stoffkleber auf den cremefarbenen Augenumrandungen fixieren, im Zickzack- oder Applikationsstich festnähen. Augenumrandungen und Nase auf den Stoff legen, im Applikationsstich aufnähen. Bügeleinlage oder anderes Aufbügelvlies zur Verstärkung auf Kapuze zuschneiden. Von links, 1,5 cm von der Vorderkante, auf das Kapuzengesicht legen, aufbügeln. Die Knöpfe für die Augen von Hand annähen.

3

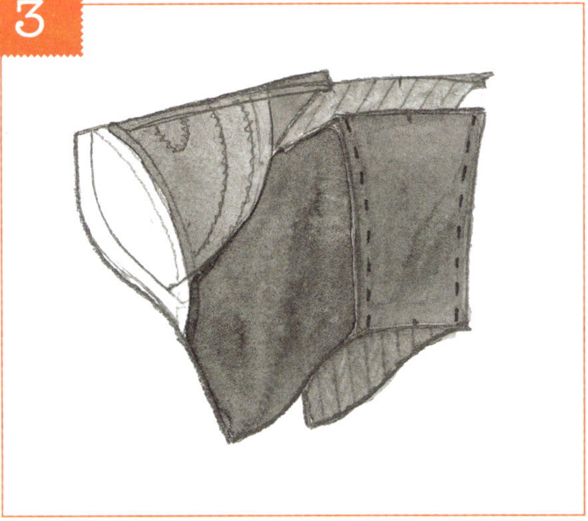

Die Seitenteile der Kapuze rechts auf rechts mit 0,5 cm Nahtzugabe an das hintere Kapuzenmittelteil nähen.

4

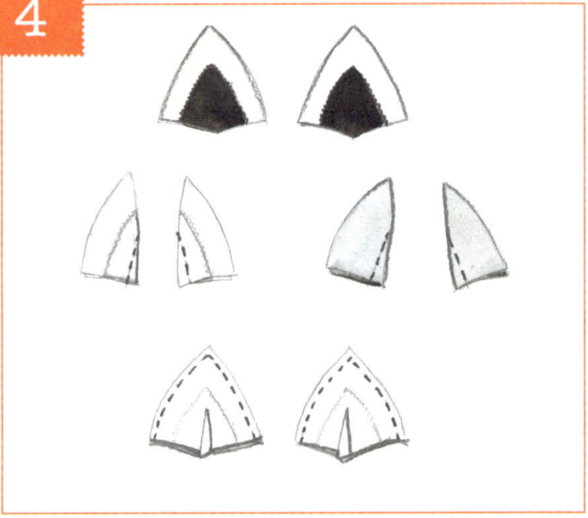

Im Zickzack- oder Applikationsstich die schwarzen Mittelteile der Ohren auf die Vorderseite der Ohren nähen. Jedes Ohr rechts auf rechts in der Mitte zusammenlegen und durch alle Lagen Abnäher nähen. Auf der Rückseite der Ohren wiederholen. Die Vorderseiten der Ohren rechts auf rechts mit 0,5 cm Nahtzugabe auf die Rückseiten der Ohren nähen. Wenden und bügeln.

5

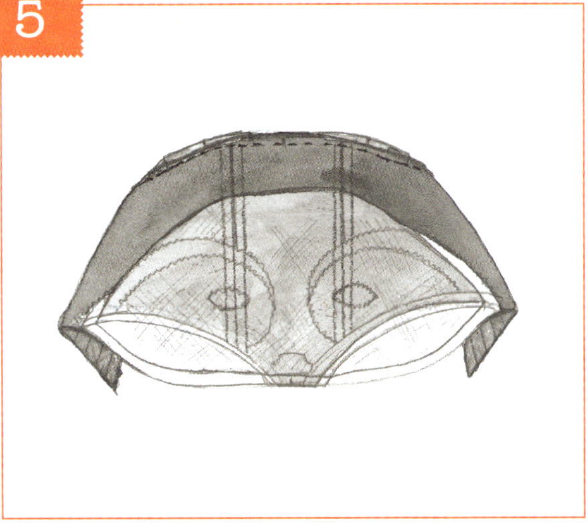

Die Ohren zwischen den Einschnitten oben auf dem Waschbärkopf platzieren (die Vorderseiten der Ohren sollen zum Gesicht des Waschbären schauen) und feststecken. Die Naht auf der Kapuzenoberseite schließen, dabei die Ohren zwischen beiden Stoffen fixieren.

6

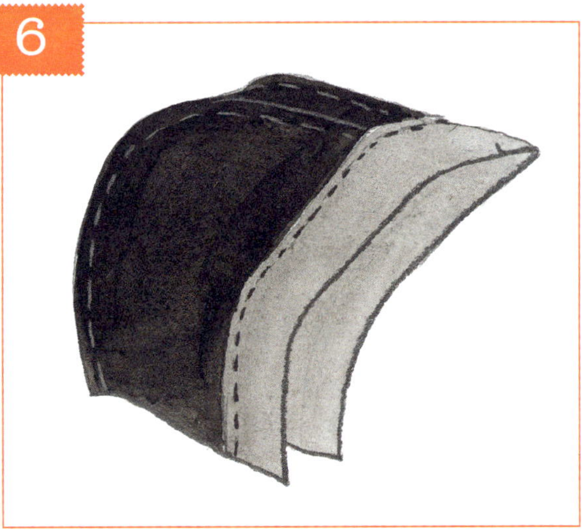

Vorderseiten des Kapuzenfutters rechts auf rechts mit 0,5 cm Nahtzugabe an das Mittelstück nähen. Den Besatz rechts auf rechts mit 0,5 cm Nahtzugabe mit dem Kapuzenfutter zusammennähen. Das Futter rechts auf rechts mit 0,5 cm Nahtzugabe um die Öffnung für das Gesicht nähen, in die Kapuze einpassen, Naht auseinanderbügeln.

7

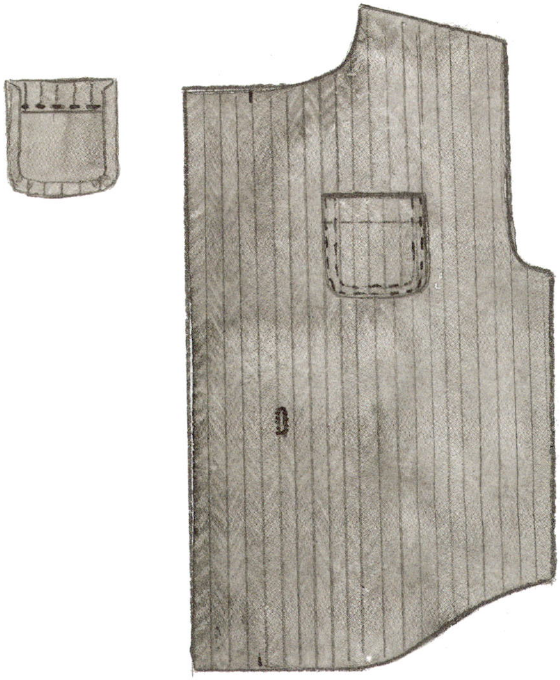

Für die Öffnungen, durch die das Durchziehband laufen soll, auf jedem Vorderteil wie im Schnittmuster angegeben ein Knopfloch einarbeiten. Den oberen Rand der Tasche 2 cm nach links umschlagen, 1,5 cm vom Rand absteppen. Die anderen drei Seiten der Tasche sorgfältig 0,5 cm nach links umbügeln. Die Tasche wie im Schnittmuster angegeben auf dem linken Vorderteil platzieren und knapp 3 mm vom Rand aufsteppen. 0,5 cm von der ersten Naht erneut absteppen.

8

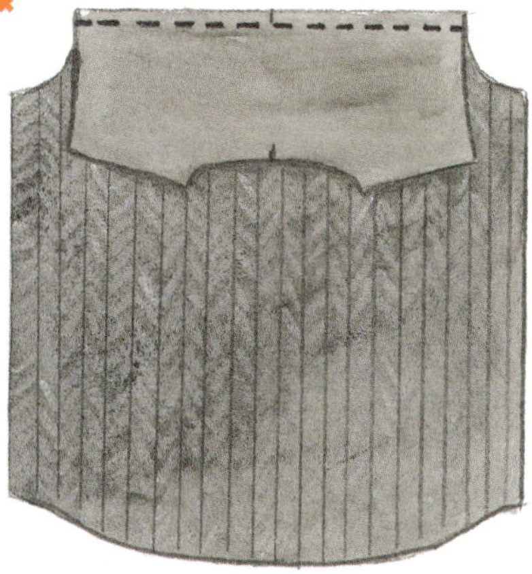

Die Rückenpasse rechts auf rechts mit 1,5 cm Nahtzugabe an das Rückenteil nähen. Anschließend die Naht auseinanderbügeln.

9

Die Blenden an den Vorderteilen bei den Einschnitten nach links umschlagen und bügeln. Das Rückenteil der Weste rechts auf rechts an den Schultern und Seiten mit 1,5 cm Nahtzugabe mit den Vorderteilen zusammennähen. Die Nähte auseinanderbügeln. Beim Futter entsprechend wiederholen. Schulter- und Seitennähte der Weste 1,5 cm von der Naht von rechts erneut absteppen.

10

Die Kapuze rechts auf rechts entsprechend den Einschnitten in der Mitte des hinteren Halsausschnitts mit der Weste zusammenstecken. Mit 0,5 cm Nahtzugabe durch alle Lagen annähen. Danach das Futter an die Blenden der Vorderteile nähen (1,5 cm Nahtzugabe).

11

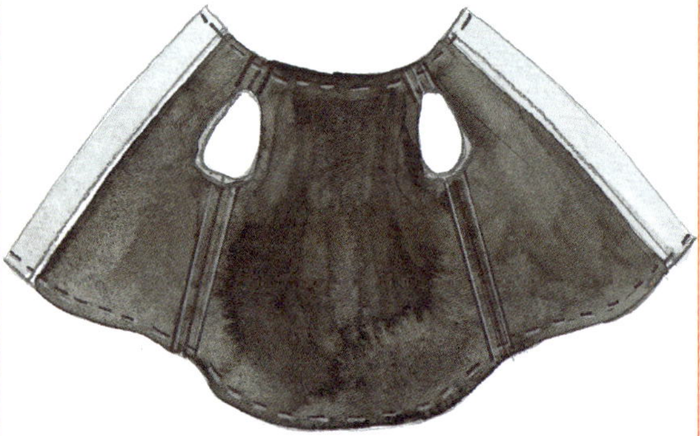

Blenden umschlagen und Halsausschnittnaht nähen (0,5 cm Nahtzugabe, Kapuze zwischen Futter und Oberstoff). Weste am Saum mit dem Futter zusammennähen (0,5 cm Nahtzugabe). Durch das Armloch auf rechts wenden, Nähte auseinanderbügeln. Den Saum 1,5 cm vom Rand absteppen.

12

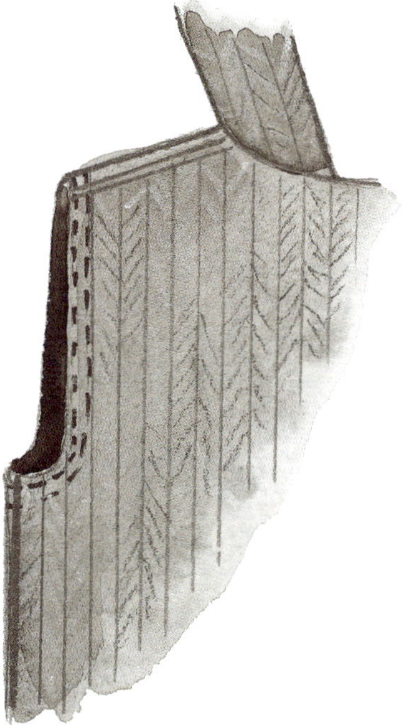

An den Armlöchern 1 cm des Oberstoffs nach links umschlagen und bügeln; das Futter an den Armlöchern 1,5 cm nach links umschlagen. Die Armlöcher von Oberstoff und Futter passend aufeinanderlegen, um einen sauberen Rand zu erzielen, knapp 3 mm vom Rand zusammennähen. 0,5 cm von der ersten Naht erneut absteppen.

Anmerkung

Lassen Sie sich Zeit beim Versäubern der Armlöcher, damit das Ergebnis wirklich schön wird. An beiden Armlöchern den Rand nach innen umschlagen und an der Seitennaht und oben an der Schulternaht zusammenstecken. Anschließend rund um die Armlöcher weiter zusammenstecken. Langsam mit der Maschine nähen und jeweils die Stecknadeln herausziehen, einen gleichmäßigen 3 mm großen Abstand vom Rand halten.

13

Für den Tunneldurchzug des Bands zwei parallele Nähte wie im Schnittmuster angegeben nähen, eine oberhalb und eine unterhalb der Knopflöcher. Mithilfe eines Schlauchwenders oder einer Sicherheitsnadel die Kordel oder das Band von einem Knopfloch zum anderen durch den Tunnel schieben. Vorne am linken Vorderteil an den im Schnittmuster angegebenen Stellen Knopflöcher einarbeiten; am rechten Vorderteil dazu passend die Knöpfe mit der Hand annähen. Zum Befestigen des Waschbärschwanzes mit der Maschine die Haftseite des 7,5 cm langen und 1,5 cm breiten Klettbandes an die im Schnittmuster angegebene Stelle innen im Rückenteil der Weste nähen.

14

Für den oberen Teil des Schwanzes den Stoff der Länge nach rechts auf rechts zusammenlegen und knapp 0,5 cm über die Länge und ein Ende absteppen. Die offene Seite umlegen, damit der Filzstreifen die doppelte Dicke erhält. Das 7,5 cm lange und 1,5 cm breite Flauschteil des Klettbands oben auf den „Stiel" legen und rundherum absteppen.

15

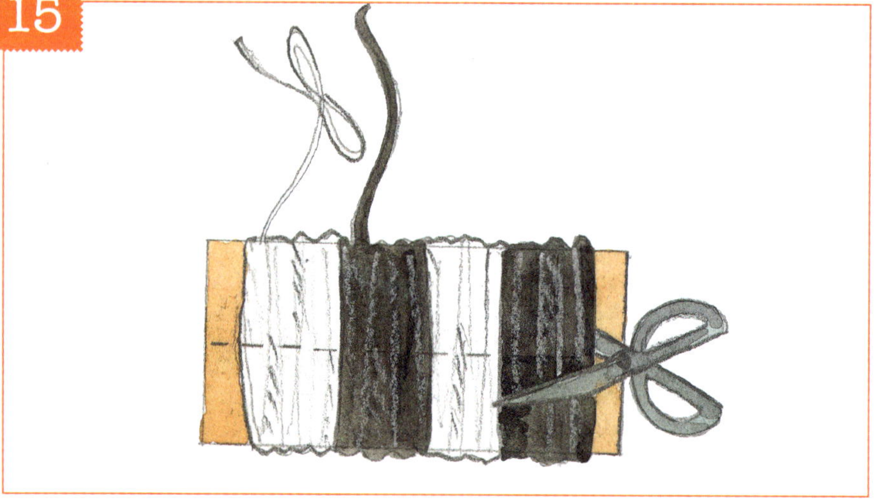

Ein 15 cm breites und 30 cm langes Stück Pappe zuschneiden. Abwechselnd je circa 30-mal schwarzes und cremefarbenes Garn um die Pappe wickeln, sodass insgesamt vier Streifen für den Waschbärschwanz entstehen. Das Garn sollte auf jeder Seite der Pappe etwa 1,5 cm hoch liegen. Auf der Vorderseite der Pappe das gewickelte Garn in der Mitte aufschneiden und die Pappe beiseite legen. Das flach liegende Garn nun erneut in der Mitte durchschneiden, sodass Sie zwei Reihen mit 15 cm langen Fäden erhalten.

16

Vier 30 cm lange und 10 cm breite Stücke Pauspapier zuschneiden. Eines auf den Arbeitstisch legen und die Fäden in einer Reihe mit 2,5 cm Überstand nach oben und unten darauflegen. Mit einem Papier abdecken und die Schichten mit Quiltnadeln zusammenstecken. In der Mitte eine gerade Naht nähen. Papier nicht entfernen. Den Vorgang mit dem zweiten Fadenbündel wiederholen.

17

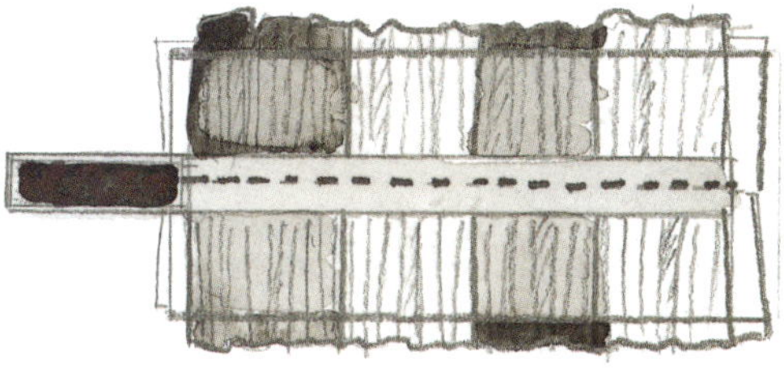

Den Schwanz-„Stiel" auf die Nahtlinie einer Fadenreihe legen; in der Mitte durch alle Lagen nähen, dabei 2,5 cm am oberen Ende frei lassen. Die zweite Fadenreihe auf den „Stiel" legen, sodass dieser zwischen den beiden Fadenlagen liegt. Durch alle Lagen die Mittelnaht übersteppen. Langsam arbeiten, denn das Paket ist ziemlich dick.

18

Das Pauspapier vorsichtig herausziehen und den Schwanz schütteln, damit er sich schön aufplustert. Die Fadenenden so zuschneiden, dass die Form eines schönen wuscheligen Waschbärschwanzes entsteht. Mit dem Klettband an der Weste befestigen – und schon kann es losgehen mit dem Waschbärenunfug!

Niedliche Eulenmütze

GRÖSSE:
mittel
LEVEL 2

Diese Mütze ist der letzte (Eulen)-Schrei! Die aus weichem Wollfilz gearbeitete Mütze, die kleine Ohren schön warm hält, bleibt dank eines einstellbaren Kinnriemens, den die jungen Eulen selbst schließen können, an Ort und Stelle. Wunderbar bei kalter Witterung oder für Verkleidungsspiele im Haus!

Material

rosa Wollfilz für das äußere Haubenteil: 45 cm; 2-mal A, B zuschneiden

pfirsichfarbener Wollfilz für Kinnriemen, Einfassung, Quasten und Augenuntergrund: 11 cm; E, F, 2-mal G, 10-mal H zuschneiden

gelber Wollfilz für Schnabel und Wimpern: Rest, 12,5 × 12,5 cm; I, 2-mal J zuschneiden

grüner Wollfilz für den äußeren Augenuntergrund: Rest, 25 × 12,5 cm; 2-mal L zuschneiden

blauer Wollfilz für die Augenmitte: Rest, 20 × 10 cm; 2-mal K zuschneiden

bedruckter Baumwollstoff für das Futter: 45 cm; 2-mal C, D zuschneiden

Bügeleinlage: 45 cm; 2-mal A, B zuschneiden

Schablone für das Gesicht: nicht zuschneiden; bei der Platzierung der einzelnen Elemente zur Orientierung verwenden

Knöpfe für die Augen: 2 Stück, 2,5 cm Durchmesser

Klettband: 5 cm

passendes Nähgarn

Stoffkleber

Schnittmuster: siehe Seite 121

1

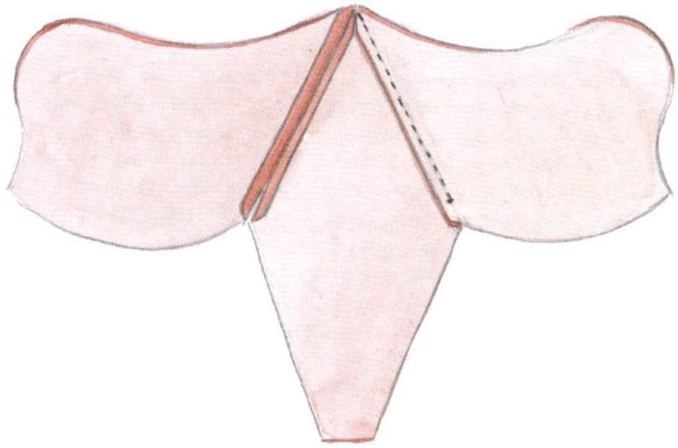

Entsprechend den Herstellerangaben die Bügeleinlage von links auf die Seitenteile und das Mittelteil der Mütze aufbügeln. Die Seitenteile der Mütze rechts auf rechts von dem Punkt vorne bis zum kleinen Einschnitt mit 0,5 cm Nahtzugabe an das Mittelteil nähen. Die Nähte auseinanderbügeln.

2

Für die Quasten Filzstreifen zu zwei kleinen Fächern zusammenlegen. Jede Quaste unten zusammenheften. Jeweils ein blaues Mittelteil für die Augen auf einen pfirsichfarbenen Kreis legen und die gelben Wimpern dazwischenstecken; mit Stoffkleber fixieren. Im Zickzack- oder Applikationsstich die Mittelteile der Augen festnähen, dabei auch die gelben Wimpern übersteppen. Mit weiterem Stoffkleber die pfirsichfarbenen Augenkreise auf den grünen Augen fixieren und mit passendem (pfirsichfarbenen) Garn festnähen (darauf achten, dabei die Wimpern nicht zu übersteppen).

3

Den Schnabel außen auf die Eulenmütze kleben. Mit passendem Garn im Zickzackstich festnähen. Die zusammengesetzten Augen auf der Mütze platzieren, mit Kleber fixieren und mit passendem Garn festnähen. Die Augen von links bügeln. Die Knöpfe in der Mitte der blauen Kreise mit der Hand annähen. Die Ohrquasten in den Ecken der Mütze zwischen den Einschnitten annähen.

4

Entsprechend den Einschnitten den restlichen Teil der vorderen Naht rechts auf rechts über den Quasten schließen (0,5 cm Nahtzugabe). Anschließend die hinteren Mützennähte schließen, dabei ebenfalls über die Quasten nähen, um sie zu fixieren. Die Nähte auseinanderbügeln und die Mütze auf rechts wenden. Das Futter nähen und die Nähte auseinanderbügeln.

5

Die Seitenteile des Futters entsprechend den kleinen Einschnitten an das Mittelteil des Futters nähen (0,5 cm Nahtzugabe), die Nähte auseinanderbügeln. Das Futter links auf links so in die Mütze einpassen, dass die Nähte aufeinanderliegen. Eventuell überstehendes Futter an den Rändern zurück schneiden, das Futter anschließend knapp 0,5 cm vom Rand an allen offenen Rändern festnähen.

6

Die Filzeinfassung an einem Ende 1,5 cm nach links umschlagen, dieses Ende von rechts hinten in der Mitte der Mütze feststecken. Die restliche Einfassung rund um die Mütze feststecken, die Enden überlappen sich hinten. Mit 1 cm Nahtzugabe festnähen. Den schrägen Rand nach innen umschlagen, bügeln. Von rechts rundherum und durch alle Lagen dort, wo Einfassung und Mütze zusammentreffen, die Naht übersteppen. Den Kinnriemen an jeder Längsseite 0,5 cm nach links umschlagen und bügeln. Alle Seiten des Kinnriemens 0,5 cm vom Rand absteppen. Ein passendes Stück der Haftseite des Klettbandes zuschneiden, mit Stoffkleber auf einem Ende des Kinnriemens fixieren. Im Steppstich festnähen.

7

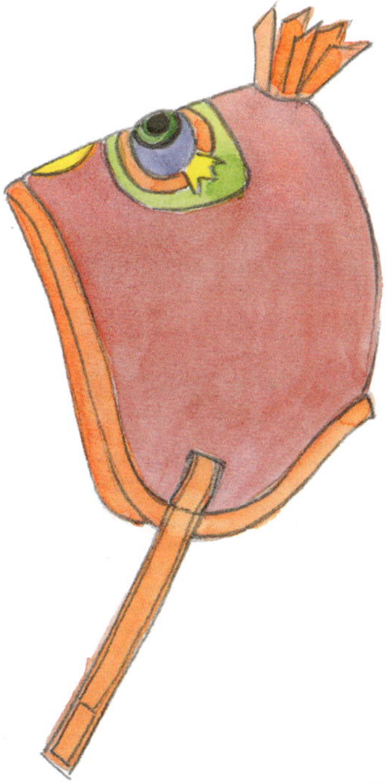

Den Kinnriemen wie abgebildet an der linken Mützenseite 0,5 cm vom Rand durch alle Lagen annähen. Den Kinnriemen nach unten legen und fixieren, hierzu die Naht zwischen Einfassung und Mütze durch alle Lagen übersteppen. Jetzt ein entsprechendes Stück der Flauschseite des Klettbandes zuschneiden und wie im Schnittmuster angegeben auf der rechten Mützenseite im Steppstich festnähen.

GRÖSSE:
mittel
LEVEL 2

Fuchsschal

Dieser Schal erinnert an die Fuchspelzstolen der 1930er-Jahre, ist jedoch ungleich tierlieber! Versteckt unter dem Fuchskopf und dem flauschigen Schwanz sind Taschen, in denen kleine „Pfötchen" schön warm bleiben. Anstelle von Baumwollsamt können für kältere Tage Fleece oder Wollstoff verarbeitet werden.

ANMERKUNG

Wenn Sie Samt oder Baumwollsamt verarbeiten, verwenden Sie zum Bügeln ein Bügeltuch oder bügeln den Stoff nur von links. Als Bügeltuch eignet sich ein Frotteewaschlappen gut.

Material

rotbrauner Baumwollsamt (Velveton): 1,50 m; A, B, 4-mal C, D, 2-mal E zuschneiden

cremefarbener Baumwollsamt (Velveton): 1,5m; F, 2-mal G, 2-mal H zuschneiden

schwarzer Baumwollsamt (Velveton): Rest, 25 × 25 cm; I, 2-mal J, 2-mal K zuschneiden

Futterstoff für die Innentaschen: 2-mal G zuschneiden

passendes Nähgarn

Aufbügelvlies: quadratischer Rest; I, 2-mal J zuschneiden (siehe Anmerkung, Seite 62)

braunes Strickgarn: ½ Strang

cremefarbenes Strickgarn: ¼ Strang

Pauspapier für die Anfertigung des Schwanzes: 4 lange Stücke

Pappe für die Anfertigung des Schwanzes: 15 × 30 cm

Schnittmuster: siehe Seite 122

1

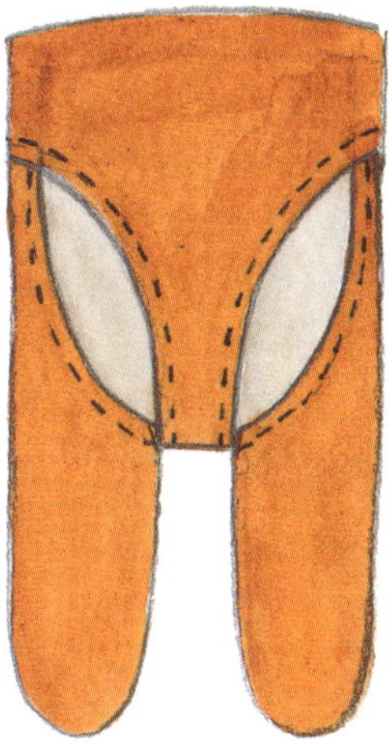

Die Fuchswangen rechts auf rechts mit 0,5 cm Nahtzugabe in die Mitte des Fuchsgesichts nähen. Die Nähte zu den Wangen hin bügeln. Ebenso die Vorderpfoten auf die Wangen nähen. Die Nähte zu den Wangen hin bügeln.

2

Entsprechend den Herstellerangaben das Vlies auf den schwarzen Samtrest aufbügeln. Augen und Nase auf Papierrückseite übertragen, ausschneiden, Papier abziehen. Augen und Nase wie abgebildet auf das Gesicht aufbügeln und im Zickzack- oder Applikationsstich aufnähen. Auf die Vorder- und Hinterpfoten Stichreihen sticken.

3

Im Zickzack- oder Applikationsstich die schwarzen Mittelteile der Ohren von rechts auf die Vorderseite der Ohren nähen.

4

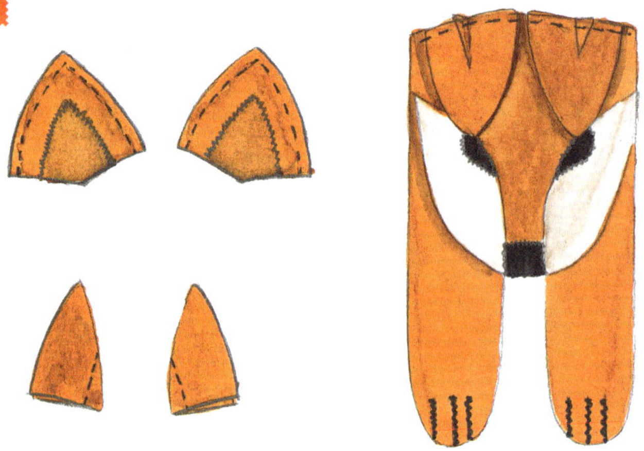

Die Vorderseiten der Ohren rechts auf rechts mit 0,5 cm Nahtzugabe auf die Rückseiten der Ohren nähen. Wenden und bügeln. Jedes Ohr in der Mitte so falten, dass die Rückseite nach außen steht und durch alle Lagen Abnäher nähen. Die Ohren wie abgebildet oben auf dem Fuchskopf platzieren und annähen.

5

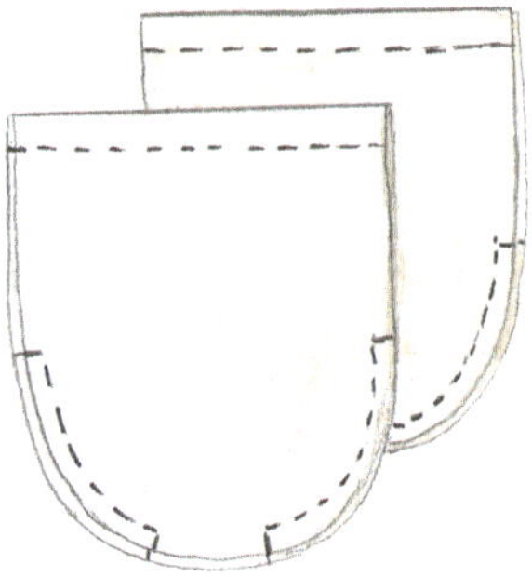

Den Oberstoff der Taschen rechts auf rechts mit 1,5 cm Nahtzugabe an der Oberkante mit dem Taschenfutter zusammennähen. Die gerundeten Unterseiten der Taschen mit 0,5 cm Nahtzugabe zwischen den kleinen Einschnitten zusammennähen. Die Nahtzugabe am Ende der Naht jeweils einknipsen. Auf rechts wenden und bügeln.

6

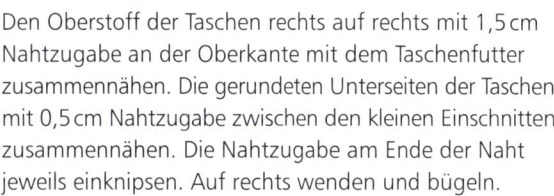

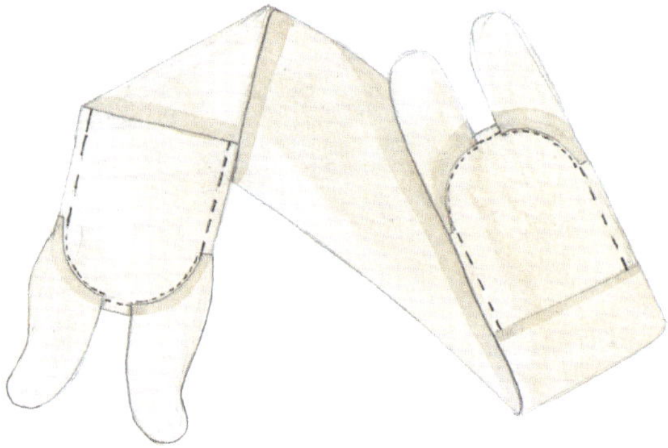

Die Taschen mit der rechten Seite nach oben von rechts auf den Fuchsbauch (Schalfutter) legen. Die Seitenränder und den Raum zwischen den Pfoten mit 1 cm Nahtzugabe annähen. Die versäuberten gerundeten Ränder knapp 3 mm vom Rand absteppen.

7

Ein Stück stabile Pappe 15 cm breit und etwa 30 cm lang zuschneiden. Braunes Strickgarn etwa 100-mal um die Pappe wickeln (bei dickerem Garn eventuell weniger, bei dünnerem Garn mehr Umwicklungen nötig), anschließend cremefarbenes Strickgarn etwa 30-mal neben dem braunen Garn um die Pappe wickeln. Auf jeder Seite der Pappe sollte das Garn etwa 1,5 cm hoch liegen.

8

Wenn das Strickgarn fertig um die Pappe gewickelt ist, mit einer scharfen Schere auf der Vorderseite der Pappe das Garn in der Mitte aufschneiden und aufklappen lassen. Sorgfältig darauf achten, die Fäden nicht zu verschieben. Die Pappe beiseite legen und die flach liegenden Fäden erneut in der Mitte durchschneiden, sodass Sie zwei Reihen mit 15 cm langen Fäden erhalten.

9

Anmerkung

Am besten eignet sich Schnittmuster- oder Pauspapier von der Rolle, das Sie in Geschäften für Künstlerbedarf bekommen – Seidenpapier ist für diese Zwecke zu dünn und zerreißt zu leicht.

Vier 30 cm lange und etwa 10 cm breite Stücke Pauspapier zuschneiden. Ein Stück auf den Arbeitstisch legen und die Fäden mit etwa 2,5 cm Überstand nach oben und unten in einer Reihe auf das Papier legen. Mit einem Stück Papier abdecken und die Lagen im Abstand von wenigen Zentimetern mit Quiltnadeln zusammenstecken. In der Mitte eine gerade Naht durch alle Lagen nähen. Das Papier nicht entfernen. Den Vorgang mit dem zweiten Fadenbündel wiederholen.

10

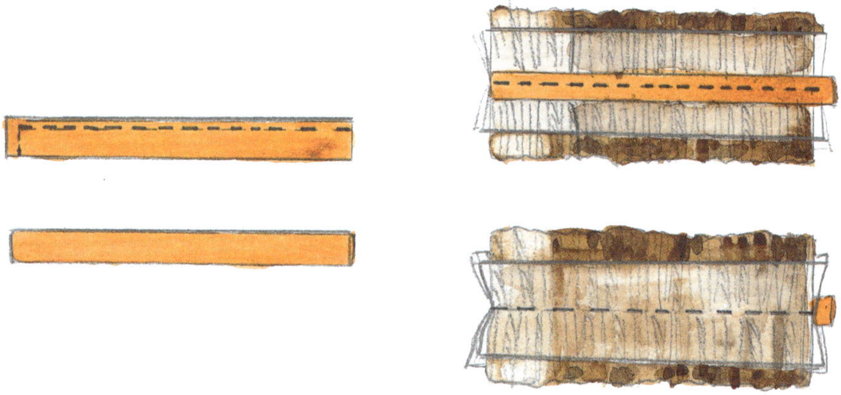

Für den Schwanz den „Stiel" der Länge nach rechts auf rechts zusammenlegen und knapp 0,5 cm über die Länge und ein Ende absteppen. Mit einem Schlauchwender wenden, bügeln. Auf die Naht einer Reihe Schwanzfäden legen und durch alle Lagen nähen, dabei oben 2,5 cm frei lassen. Die zweite Reihe Schwanzfäden darauf legen und dadurch den „Stiel" zwischen beide Lagen nehmen. Durch alle Lagen langsam die Mittelnaht übernähen. Das Papier herausziehen und den Schwanz schütteln, damit er sich aufplustert. Die Garnenden zuschneiden.

11

Den Fuchskopf rechts auf rechts mit 0,5 cm Nahtzugabe an den Fuchskörper nähen. Die Ohren liegen dabei zwischen Gesicht und Körper. Den Fuchsschwanz zwischen den Hinterbeinen locker annähen. Den Fuchsrücken rechts auf rechts auf den Fuchsbauch legen, dabei den Schwanz aus dem Weg halten. Alle Kanten sauber übereinanderlegen und zusammenstecken. Mit 1 cm Nahtzugabe zusammennähen, an der Seite zwischen den Einschnitten eine Öffnung lassen. Die Ecken zwischen Vorder- und Hinterbeinen abschneiden, die Rundungen an den Vorderpfoten und Hinterbeinen einknipsen. Den Schal auf rechts wenden und bügeln. Die seitliche Öffnung mit der Hand zunähen. Und nun können Sie Ihrem kleinen Liebling seinen neuen Fuchsfreund vorstellen!

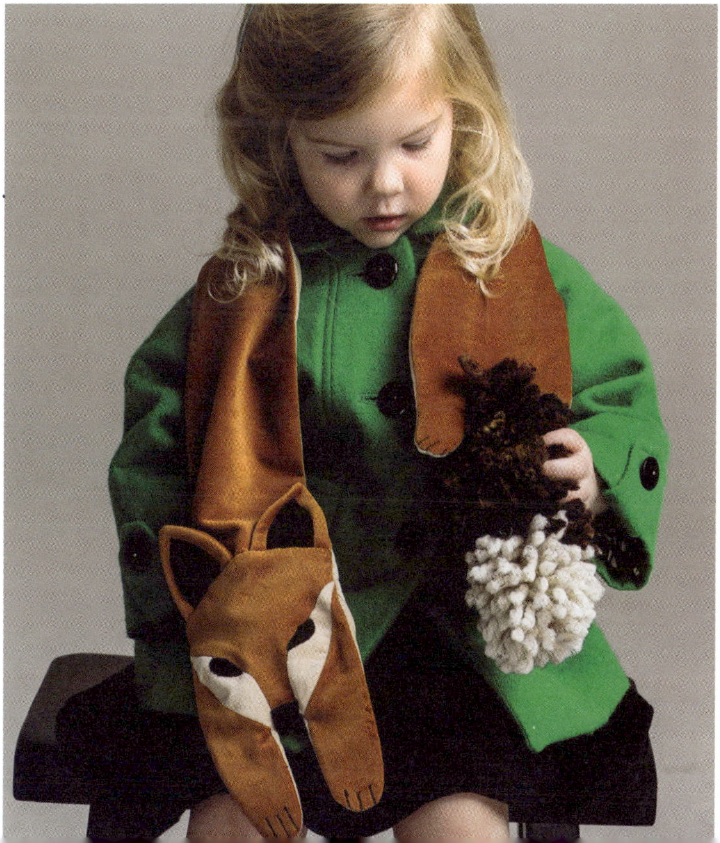

Strandcape „Schmetterling“

GRÖSSE:
mittel
LEVEL 2

Angefertigt aus saugfähigem Frottee, ist dieser gemütliche Umhang ebenso praktisch wie hübsch. Viele Stoffgeschäfte führen Frotteestoffe in verschiedenen Farben, die meisten Teile hier sind jedoch so klein, dass sie auch aus einem Bade- oder Strandhandtuch zugeschnitten werden können.

Material

lila Frottee für die Schmetterlingsflügel: 1,80 m; D, 2-mal E zuschneiden

rosa Frottee für die Kapuze, das Futter und Flügel-Applikationen: 1,80 m; 2-mal A, 4-mal B, C, D, 2-mal E, 4-mal F, 4-mal G zuschneiden

türkisfarbener Frottee: 45 cm; 4-mal H, 4-mal I zuschneiden

grüner Frottee: 22 cm; 4-mal L, 4-mal J, 4-mal K zuschneiden

gelber Frottee: 22 cm; 4-mal O, 4-mal M, 4-mal N zuschneiden

passendes Nähgarn

Knöpfe: 5 Stück, 2,5 cm Durchmesser

Aufbügelvlies für die Flügel-Applikationen: ca. 90 cm; 4-mal F, 4-mal G, 4-mal H, 4-mal I, 4-mal J, 4-mal K, 4-mal L, 4-mal M, 4-mal N, 4-mal O zuschneiden

Die Applikationen für die Flügel sind in drei Gruppen unterteilt:

Gruppe 1: M, N

Gruppe 2: G, H, J, L

Gruppe 3: F, I, K, O

Schnittmuster: siehe Seite 124

1

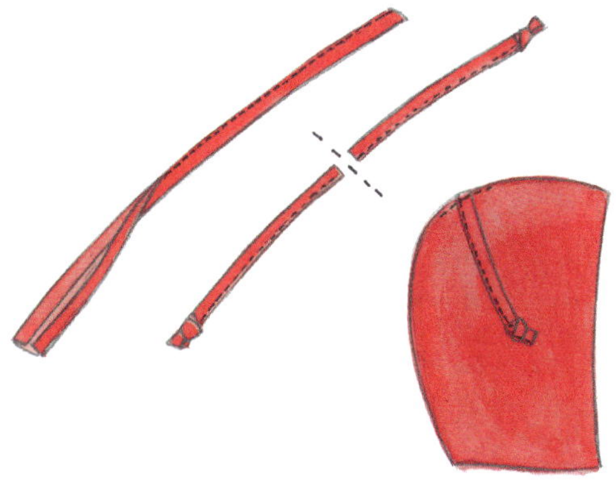

Beide Längsseiten des Fühlers 1,5 cm nach links umschlagen und bügeln. 3 mm von der Faltkante absteppen. An jedem Ende einen Knoten binden und in der Mitte durchschneiden, um zwei getrennte Fühler zu erhalten. Die Fühler von rechts jeweils bei dem kleinen Einschnitt seitlich an die Kapuze nähen.

2

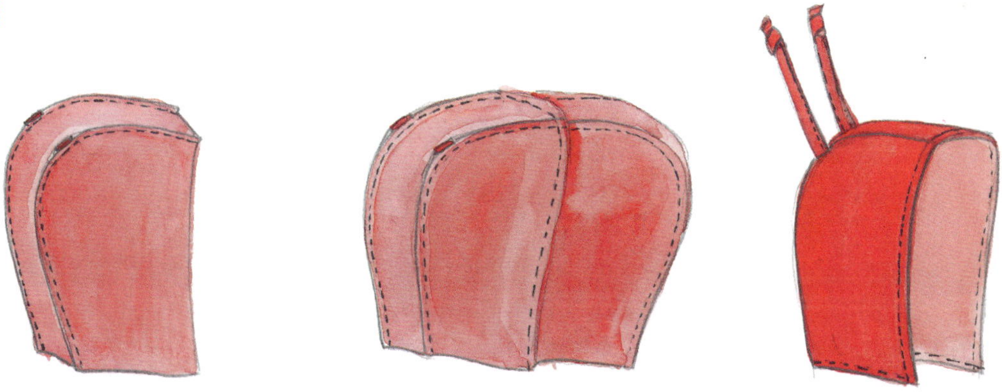

Die Seitenteile der Kapuze rechts auf rechts an das Mittelteil der Kapuze nähen. Die Nähte auseinanderbügeln. Beim Futter ebenfalls die Seitenteile an das Mittelteil der Kapuze nähen. Rechts auf rechts Oberstoff und Futter der Kapuze zusammennähen. Auf rechts wenden und die vordere Naht flach bügeln. 1,5 cm von der vorderen Kante absteppen. Den Kapuzenoberstoff am Halsrand mit dem Kapuzenfutter zusammennähen.

3

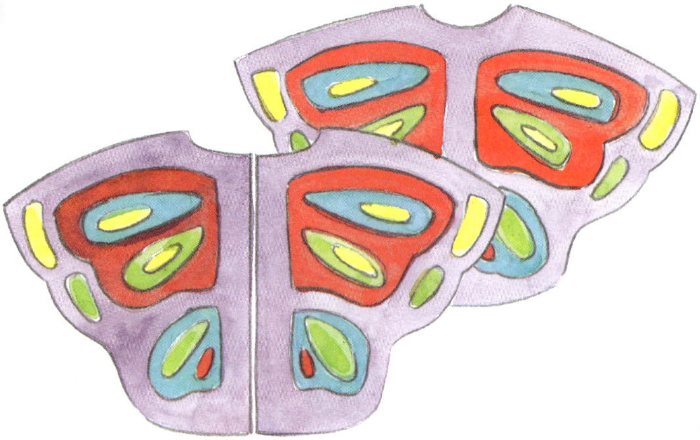

Das Papier von den Flügelapplikationen der Gruppe 1 abziehen. Die Applikationen sorgfältig auf die Applikationen der Gruppe 2 legen und aufbügeln. Die Applikationen der Gruppe 2 auf die Applikationen der Gruppe 3 legen und aufbügeln. Die Applikationen der Gruppe 3 von rechts auf die Vorderteile und das Rückenteil des Capes legen und aufbügeln. Im Zickzack- oder Applikationsstich jede Applikation aufnähen, jeweils die passende Garnfarbe nehmen. Sobald alle Applikationen aufgenäht sind, von links bügeln.

4

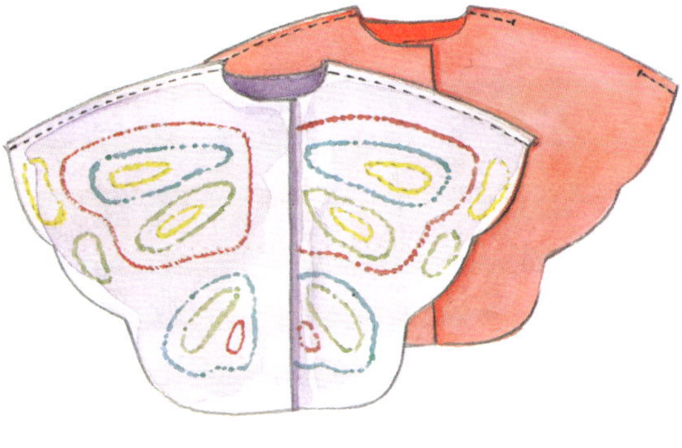

Vorderteile des Capes rechts auf rechts mit 1,5 cm Nahtzugabe an den Schultern mit dem Rückenteil zusammennähen. Nähte auseinanderbügeln. Vorderteile des Futters rechts auf rechts mit 1,5 cm Nahtzugabe an den Schultern mit dem Rückenteil des Futters zusammennähen, zwischen den Einschnitten offen lassen. Nähte auseinanderbügeln.

5

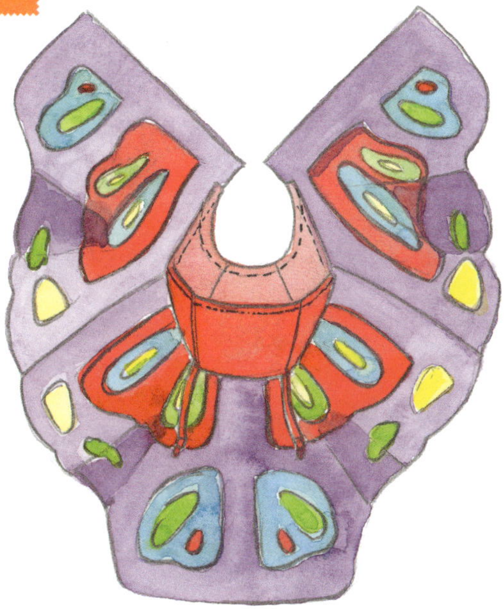

6

Die Einschnitte am hinteren Halsausschnitt der Kapuze rechts auf rechts auf die Einschnitte am hinteren Halsausschnitt des Capes legen, zusammenstecken. Die Kapuze am Halsausschnitt an das Cape stecken und mit 0,5 cm Nahtzugabe an das Cape nähen. Zur Festigung der Halsausschnittnaht diese erneut absteppen. Das Futter rechts auf rechts so auf das Cape legen und zusammenstecken, dass die Schulternähte und alle Einschnitte übereinstimmen. Am hinteren Halsausschnitt beginnend, das Capefutter mit 0,5 cm Nahtzugabe an allen Außenrändern mit dem Oberstoff zusammennähen. Die Ecken an den Rändern der Vorderteilöffnung abschneiden; die Rundungen einknipsen. Durch die Öffnung im Futter an der linken Schulter auf rechts wenden. Das Futter an allen Außenrändern nach innen bügeln. Im überwendlichen Stich mit passendem Garn die Öffnung im Futter der linken Schulter mit der Hand zunähen.

An der Halsausschnittkante des rechten Vorderteils beginnend, mit 0,5 cm Abstand den gesamten Rand des Capes absteppen. Das beste Ergebnis erzielen Sie, wenn Sie beim Absteppen das Futter mit den Fingern vorsichtig nach innen schieben. Am rechten Vorderteil 2 cm vom Rand drei horizontale Knopflöcher einarbeiten, bei den Abständen nach dem Schnittmuster richten. Am Außenrand der Vorderteile zwei diagonale Knopflöcher einarbeiten wie im Schnittmuster angegeben. Die Knopflöcher vorsichtig aufschneiden. Am Rand des linken Vorderteils drei Knöpfe wie im Schnittmuster angegeben passend annähen. An den Außenrändern des Rückenteilfutters passend zu den diagonalen Knopflöchern zwei Knöpfe annähen. Nun brauchen Sie nur Ihren kleinen Schmetterling einzufangen, um ihm in seinem kunterbunten neuen Cape beim Fliegen zuzuschauen!

Bauernhof-tiere

Häubchen „Stubenküken“

GRÖSSE: mittel

LEVEL 2

Dieses Mützchen für ganz Kleine, das wie ein aufgeplustertes Küken aussieht, erinnert zugleich ein wenig an viktorianische Hauben. Für eine wintertaugliche Version nehmen Sie Filz oder Fleece statt Leinen!

Material

weißes Leinen: 1,35 m; 9-mal A, B, 2-mal C, D, E zuschneiden

gelber Baumwollstoff für Futter, Schnabel und Füße: 69 cm; B, 2-mal C, 4-mal F, 2-mal G zuschneiden

passendes Nähgarn

dünne Bügeleinlage zur Verstärkung von Oberstoff und Futter des Häubchens: 69 cm; 2-mal B, 4-mal C zuschneiden

Aufbügelvlies (oder etwas Ähnliches): Rest, 12,5 × 12,5 cm

Knöpfe für die Augen: 2 Stück, 1,3 cm Durchmesser

Sticktwist oder Stickgarn für die Wimpern: 1 Strang

Stoffkleber

Schnittmuster: siehe Seite 125

1

Von rechts auf den Seitenteilen und dem Mittelteil des Häubchens Nahtlinien in den im Schnittmuster angegebenen Abständen für die Rüschen markieren. Passende Teile aus der Bügeleinlage zuschneiden und von links auf die Seitenteile und das Mittelteil der Haube entsprechend den Herstellerangaben aufbügeln. Die Seitenteile rechts auf rechts mit 0,5 cm Nahtzugabe an das Mittelteil nähen. Mit dem Futter der Haube wiederholen.

2

Zur Vorbereitung der Rüschen die Bogenkanten 0,5 cm vom Rand mit einer Kontrastfarbe absteppen. 3 mm von der geraden Kante jeder Rüsche einen Kräuselstich nähen, dabei die Fäden lang hängen lassen. Dasselbe 0,5 cm von der geraden Kante wiederholen. Vorsichtig am Unterfaden ziehen, um die Rüschen zu kräuseln.

3

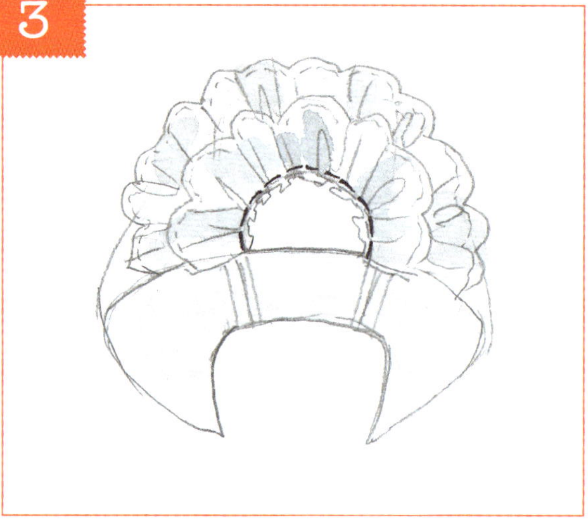

Den gekräuselten Rand der Rüsche auf die markierte Linie vorne in der Mitte der Haube legen, im Stepp- oder Zickzackstich festnähen. Langsam und sorgfältig arbeiten. Am Ende der Haube die Rüsche abschneiden, an der nächsten markierten Linie beginnen. Am Ende einer Rüsche die neue Rüsche überlappend ansetzen und bis zum Ende der Reihe fertig annähen. Wiederholen.

4

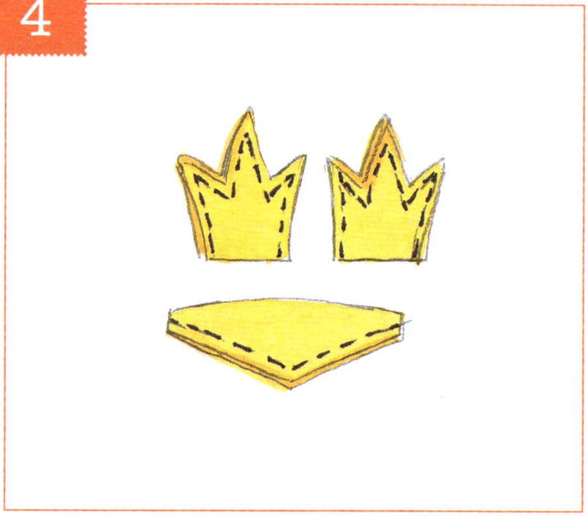

Ein quadratisches Stück Aufbügelvlies mit 12,5 cm Kantenlänge auf die linke Seite eines gleich großen Quadrats aus weißem Leinen aufbügeln. Kükengesicht ausschneiden. Einen Rest Vlies auf die linke Seite des gelben Baumwollstoffs aufbügeln; Schnabel ausschneiden. Einen identischen Schnabel und vier (zwei Paar) Kükenfüße aus dem gelben Baumwollstoff ohne Vliesschicht ausschneiden.

5

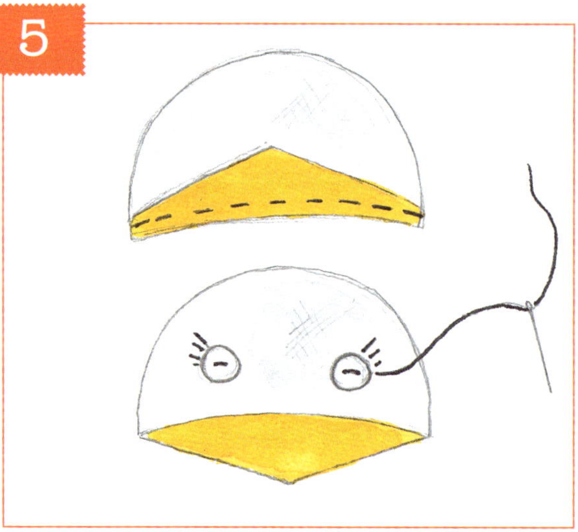

Schnabelteile wie abgebildet rechts auf rechts zusammennähen, Füße wie in Schritt 4 zu sehen zusammennähen. Ecken abschneiden, auf rechts wenden, bügeln. Den Schnabel rechts auf rechts auf das Kükengesicht nähen. Naht zum Kükengesicht hin bügeln. Knöpfe für die Augen annähen, Wimpern mit geraden Stichen aufsticken.

6

Die kleinen Einschnitte an der offenen Kante jedes Fußes passend platzieren, um winzige Falten zu legen. Feststecken. Die Füße wie abgebildet rechts auf rechts bei den Einschnitten am unteren Rand der Haubenseiten ziemlich weit vorne annähen.

7

8

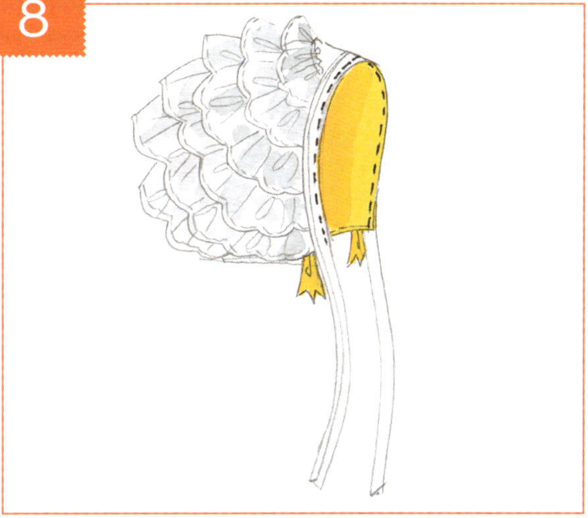

Den unteren Rand des Haubenfutters rechts auf rechts mit dem Oberstoff der Haube so zusammenstecken, dass die Nähte aufeinanderliegen. Mit 0,5 cm Nahtzugabe zusammennähen, dabei die Füße zwischen beide Stoffschichten nehmen. Auf rechts wenden und das Futter in die Haube einpassen. Den unteren Rand 3 mm von der Kante durch alle Lagen absteppen.

Futter und Oberstoff (einschließlich der Rüschenränder) entlang der offenen vorderen Kante zusammenheften. Für die Einfassung und die Bindebänder 0,5 cm von dem langen Schrägband nach links bügeln. Die Mitte der Einfassung rechts auf rechts und Schnittkante auf Schnittkante auf die Mitte des vorderen Haubenrands abstimmen. Das Schrägband 0,5 cm von der Kante rund um die Haubenöffnung nähen.

9

Die Einfassung nach innen umschlagen und bügeln, anschließend durch alle Lagen an der Einfassungskante absteppen, sodass die umgeschlagene Kante auf der Haubeninnenseite durch die Naht fixiert wird. Für die Bindebänder die Schnittkante 0,5 cm nach innen umschlagen und bügeln, dann auf die zuvor umgeschlagene Kante abstimmen und zusammen absteppen. Am Ende jedes Bindebands einen Knoten machen. Das Kükengesicht auf die Haube legen und mit Stoffkleber fixieren. Im Zickzack- oder Applikationsstich entlang der Schnittkante absteppen. Auf der Naht steppen und den Schnabel durch alle Lagen mit dem Gesicht verbinden, damit er noch besser hält. Die Rüschen sollen rustikal wirken wie Federn, ziehen Sie daher aus den unversäuberten Rändern ein paar Fäden, um für ein leicht zerzaustes Aussehen zu sorgen.

Kleidchen „Miss Muh“

GRÖSSE:
mittel
LEVEL 3

Dieses „kuhle“ leichte Sommerkleid eignet sich perfekt für ein Picknick auf einer sonnigen Wiese oder einen Ausflug zu Oma auf den Bauernhof. Es ist komplett aus Leinen genäht, niedliche Details, wie die plastischen Blumen im Kuhmaul und der ausgefranste Schwanz, der hinten wedelt, werden sicherlich so manchen Betrachter amüsieren!

Material

weißes Leinen: 1,80 m; A, 2-mal B, 2-mal C, D, E, 2-mal F, 2-mal G, 2-mal H, I, 2-mal J zuschneiden

schwarzes Leinen: 45 cm; 4-mal K, 2-mal L, 2-mal M, 2-mal N, 2-mal O, 2-mal P, Q zuschneiden

rosa Leinen: 11 cm; 2-mal M, R, 2-mal S zuschneiden

grünes Leinen oder grüner Baumwollstoff: 11 cm; 2-mal T zuschneiden

blaues Leinen oder blauer Baumwollstoff: Rest, 12,5 × 12,5 cm; 2-mal U zuschneiden

Schablone für das Gesicht: nicht zuschneiden; bei der Platzierung der einzelnen Elemente zur Orientierung verwenden

Aufbügelvlies: Rest, 25 × 25 cm

passendes Nähgarn

Knöpfe: 9 Stück, 1,3 cm Durchmesser

Schnittmuster: siehe Seite 123

1

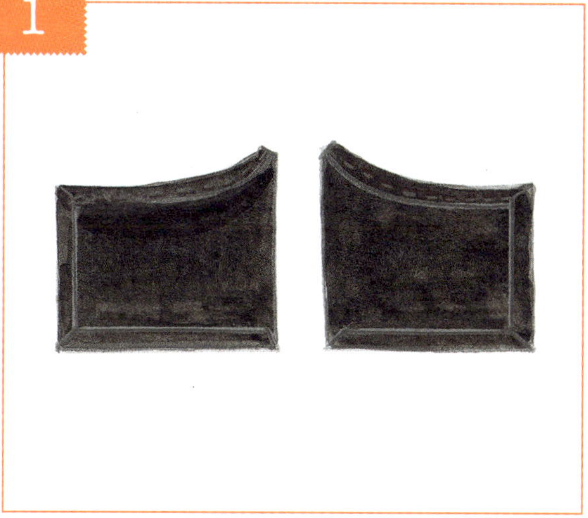

Den oberen Rand der Taschen 1,5 cm nach links umschlagen; mit 0,5 cm Nahtzugabe absteppen. Die beiden anderen nicht markierten Ränder 1,5 cm nach links umschlagen.

2

Die Taschen entsprechend den Einschnitten und wie abgebildet auf die rechte Seite der vorderen Rockteile legen. Die nicht mit Einschnitten markierten Ränder (außen und unten) absteppen; die inneren, mit Einschnitten markierten Ränder locker an die Rockseiten nähen.

3

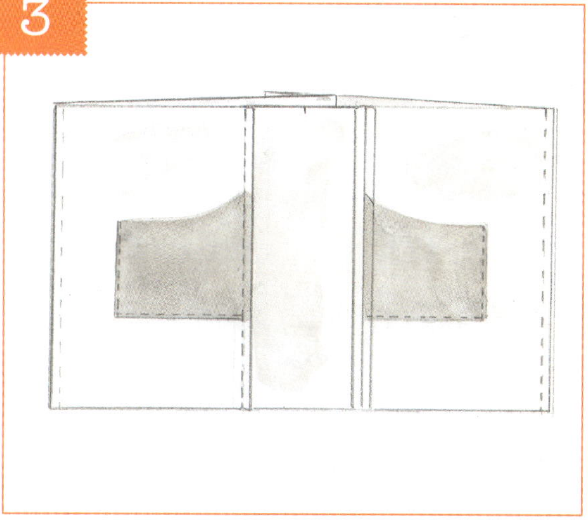

Die Seitenteile des Rocks rechts auf rechts an das vordere Rockmittelteil nähen.

4

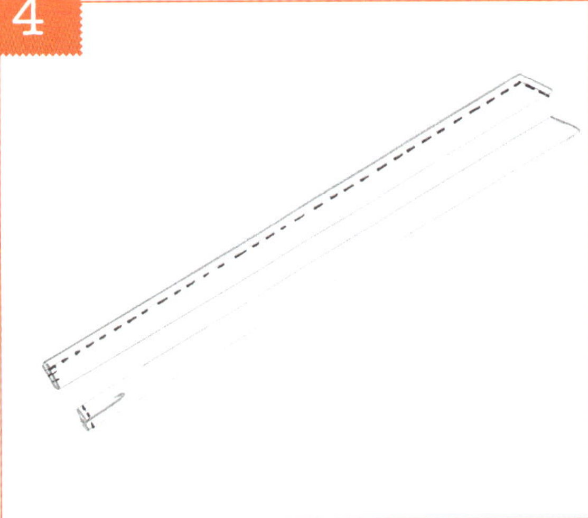

Jeden Schärpenteil rechts auf rechts der Länge nach falten und den langen Rand und das abgeschrägte Ende mit 1,5 cm Nahtzugabe zusammennähen. Mithilfe eines Schlauchwenders jede Schärpe auf rechts wenden und bügeln. Entsprechend den kleinen Einschnitten am offenen Ende eine kleine Falte legen und annähen.

5

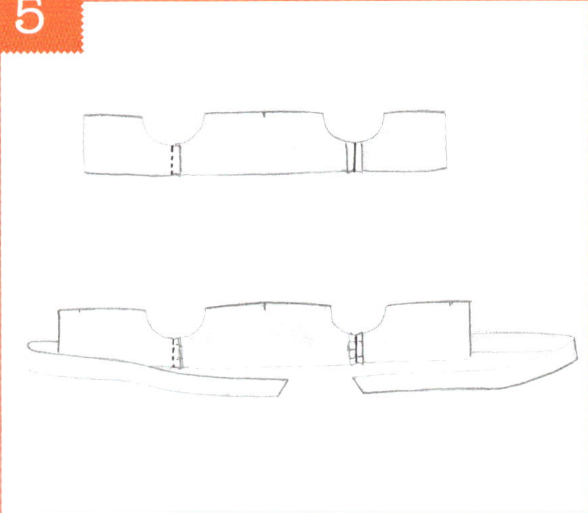

Rechts und links an das vordere Oberteil stecken. Die Rückenteile des Oberteils darüberlegen (rechts auf rechts), dabei die Schärpen zwischen die Schichten nehmen. Mit 1,5 cm Nahtzugabe festnähen. Nähte auseinanderbügeln. Das Oberteilfutter für die Rückenteile rechts auf rechts mit dem Futter für das Vorderteil zusammenstecken, mit 1,5 cm Nahtzugabe zusammennähen. Nähte auseinanderbügeln.

6

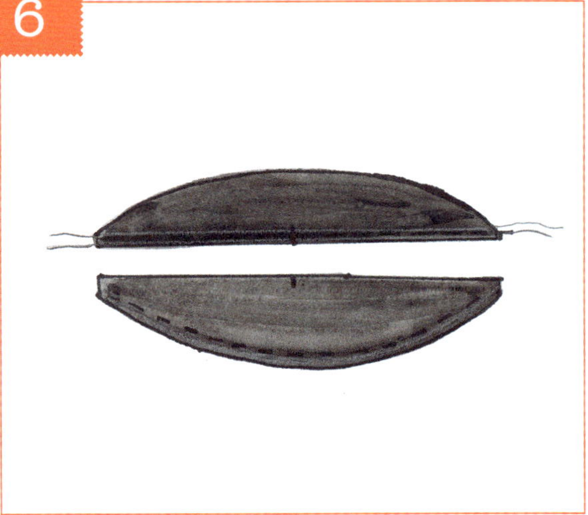

Schulterrüschen: Zwei Teile der Schulterrüsche entlang der nicht mit Einschnitten markierten Kante rechts auf rechts mit 0,5 cm Nahtzugabe zusammennähen. Auf rechts wenden und bügeln. Diesen Arbeitsschritt für die zweite Schulterrüsche wiederholen.

7

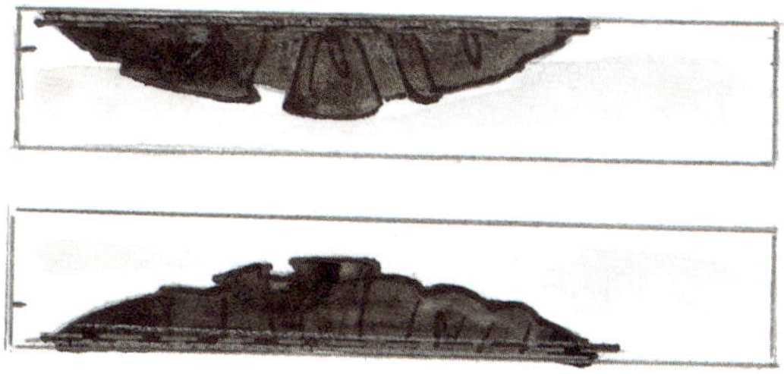

Über die offenen Kanten zwei Reihen im Kräuselstich nähen. Zum Kräuseln vorsichtig an den Fäden ziehen. Die gekräuselten Ränder entsprechend den Einschnitten auf die Träger legen. Mit 1 cm Nahtzugabe annähen und die Kräuselstiche auftrennen.

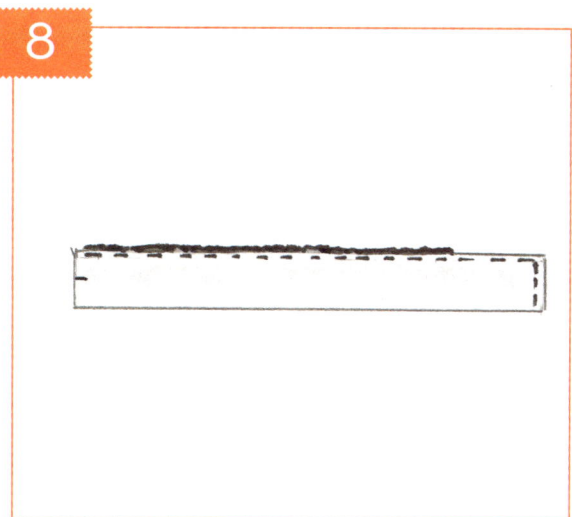

8

Die langen Seiten der Träger in der Mitte falten, die Schulterrüschen an der gerafften Seite vorsichtig dazwischen schieben. Die langen Seiten und die nicht mit Einschnitten markierte kurze Seite mit 1,5 cm Nahtzugabe absteppen.

9

Ecken abschneiden und Träger mithilfe eines Schlauchwenders auf rechts wenden. Bügeln und wie abgebildet 0,5 cm vom Rand übersteppen. In jeden Träger an der im Schnittmuster angegebenen Stelle ein Knopfloch einarbeiten. Wenn Sie mehrere Knopflöcher nähen, können die Träger verlängert werden, wenn das Kind wächst.

10

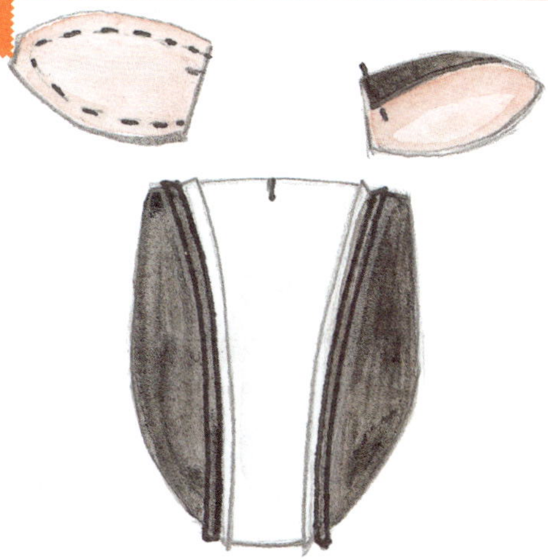

Die Vorderseiten der Ohren rechts auf rechts mit 0,5 cm Nahtzugabe auf die Rückseiten nähen. Ecken abschneiden, auf rechts wenden, bügeln. Die Oberkanten der Ohren an den Einschnitten nach unten umschlagen; annähen. Die Seiten des Gesichts rechts auf rechts mit 0,5 cm Nahtzugabe an das Mittelstück nähen. Nähte auseinanderbügeln.

11

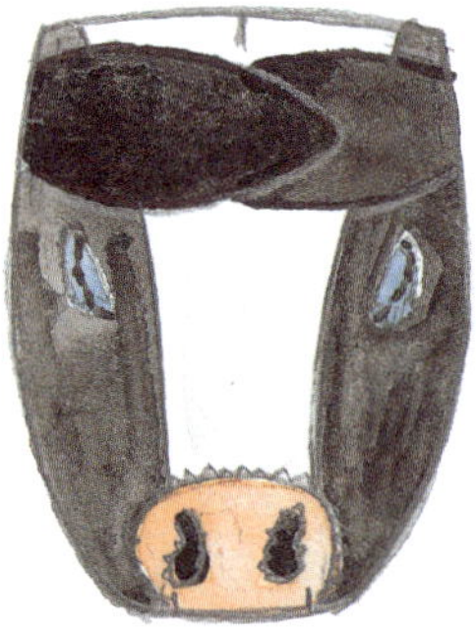

Die Ohren von rechts auf das Kuhgesicht nähen. Die Augen in der Mitte falten und die Ränder leicht ausfransen. Im Steppstich festnähen. Das Papier von der linken Seite der Nase abziehen. Die Nase aufbügeln. An allen Seiten, außer zwischen den kleinen Einschnitten, im Zickzackstich festnähen. Das Papier von den Nasenlöchern abziehen und diese aufbügeln. Im Zickzackstich um die Ränder nähen.

12

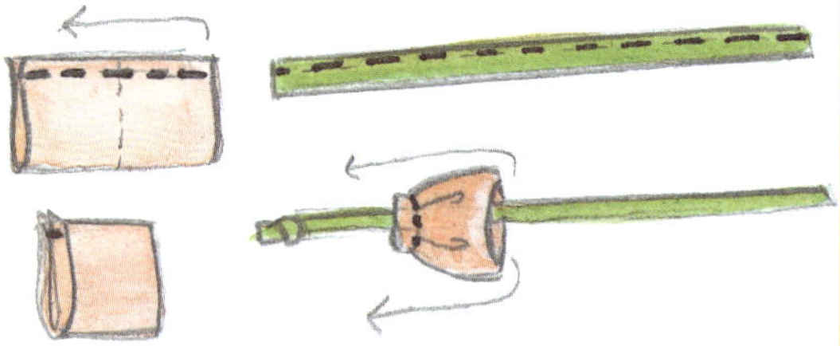

Die Blumenstängel der Länge nach in der Mitte falten, mit 0,5 cm Nahtzugabe zusammennähen. Auf rechts wenden, nicht bügeln. An einem Ende einen Knoten binden. Die langen Seiten der Blüten rechts auf rechts zusammennähen. Nähte auseinanderbügeln. Die Blüten links auf links in der Mitte falten oder zusammenrollen. Blüten auf die Stängel schieben, die offene Kante um den Stängel in Falten legen und festnähen. Die Blüten nach unten schieben.

13

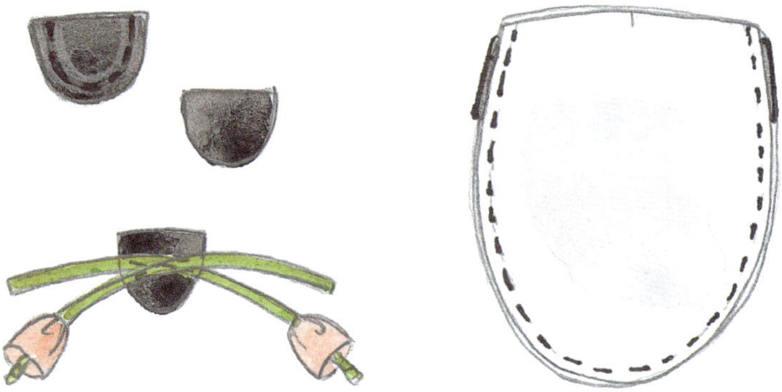

Die beiden Kinnteile der Kuh entlang des gerundeten Randes mit 0,5 cm Nahtzugabe zusammennähen. Auf rechts wenden und bügeln. Die Blumen über dem Kinn über Kreuz legen und zum Fixieren übersteppen. Die Rückseite des Kuhgesichts auf das Vorderteil legen und wie abgebildet den gerundeten Rand mit 0,5 cm Nahtzugabe absteppen. Auf rechts wenden und die Ränder leicht bügeln, dabei mit den Fingern die Nähte an die Außenkanten schieben, damit eine hübsch gerundete Form entsteht.

14

Das Kinn unter dem Gesicht platzieren, den Abstand so wählen, dass ein netter Gesichtsausdruck entsteht. Unsichtbar übersteppen, um die Stiche zu verbergen, über die Applikationsnähte der Nasenlöcher nähen. Alternativ mit der Hand im Fangstich nähen, um das Kinn von hinten unsichtbar zu fixieren. Entsprechend den Einschnitten in der Mitte das Gesicht von rechts auf dem vorderen Oberteil platzieren, die Schulterträger liegen rechts und links vom Gesicht. Mit 1 cm Nahtzugabe annähen. Das Oberteilfutter rechts auf rechts auf das vordere Oberteil legen, dabei liegen das Kuhgesicht und die Träger zwischen beiden Stoffschichten. Mit 1,5 cm Nahtzugabe entlang der Oberkante nähen, beginnend am kleinen Einschnitt, dann um ein Armloch, über das Vorderteil, um das andere Armloch bis zum Einschnitt. Die Ecken und Rundungen einknipsen. Auf rechts wenden und bügeln. Das Kuhgesicht ganz auf die Vorderseite des Kleids auflegen und entlang der Außenkante festnähen.

15

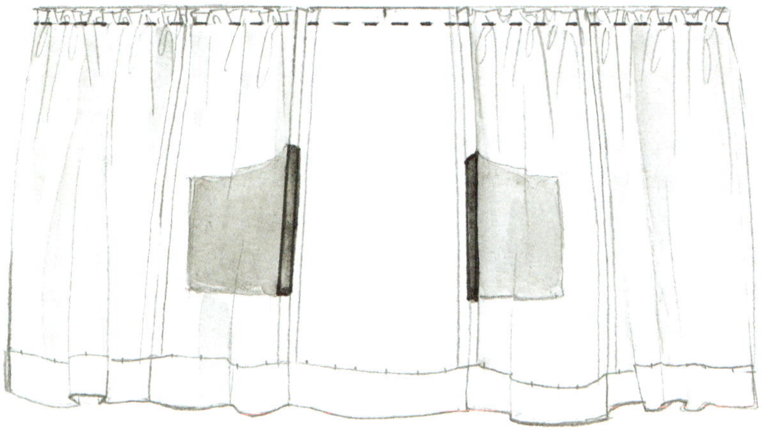

Für den Saum 0,5 cm des unteren Rockrandes nach links umschlagen und bügeln, dann weitere 5 cm nach links umschlagen und bügeln. Im Saumstich annähen. Entlang des oberen Rockrandes zwei Reihen im Kräuselstich nähen, eine Reihe 0,5 cm, die andere 1,5 cm von der Kante. Zum Kräuseln vorsichtig an den Fäden ziehen. Rechts auf rechts und entsprechend den Einschnitten am unteren Rand des Oberteils mit 1,5 cm Nahtzugabe annähen. Kräuselfäden auftrennen. Vom unteren Rand des Futters 1,5 cm nach links umschlagen und übersteppen oder in der Taillennaht übernähen. Das Kuhgesicht von außen nah an der Stelle, wo Oberteil und Rock zusammentreffen, feststecken. Nah an den Außenkanten annähen.

16

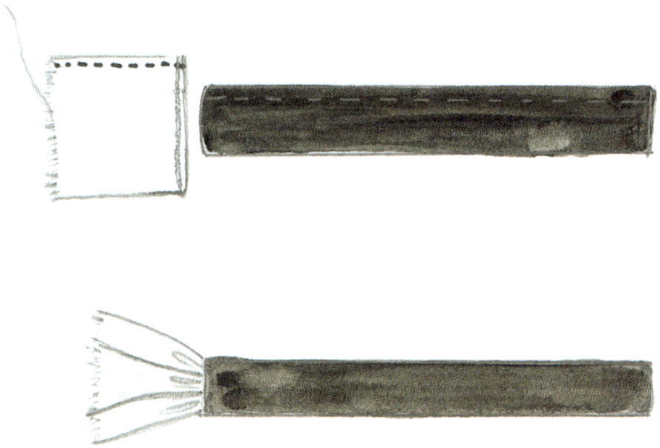

Das Schwanzteil in der Mitte falten, den langen und einen kurzen Rand zunähen. Auf rechts wenden und bügeln. Am offenen Rand 0,5 cm nach innen umschlagen, bügeln. Das Stoffstück für das Schwanzende entlang der langen Seite ausfransen, dann in der Mitte falten und die kurzen Seiten zusammennähen. Auf rechts wenden, bügeln. Die glatte Außenkante 1,5 cm nach innen umschlagen und im Kräuselstich nähen, um den oberen Rand zu kräuseln. Diesen in das offene Schwanzende einpassen und durch alle Lagen festnähen.

17

An den offenen Rändern des Rückenteils 0,5 cm nach links umschlagen, bügeln. Erneut 3 cm nach links umschlagen und bügeln. 2,5 cm vom Rand absteppen, sodass Knopfleisten entstehen. Anhand des Schnittmusters auf der rechten Knopfleiste die Knopflöcher markieren und nähen. Den Schwanz wie angegeben platzieren, nah am oberen Rand annähen. Auf der linken Knopfleiste die Knöpfe annähen. Am Rückenteil des Oberteils innen rechts und links einen Knopf für die Schulterträger annähen.

Anmerkung

„Ausfransen” bedeutet, dass Ränder sich verheddern oder abnutzen wie bei einer kleinen Franse. Diesen Effekt kann man bei einem Webstoff künstlich erzeugen, indem man bei einer Schnittkante vorsichtig die Schussfäden (waagrechte Fäden) herauszieht. Mit einer Nadel oder den Fingern den ersten Faden vorsichtig herausziehen. Den Vorgang beim nächsten Faden wiederholen, bis die Franse die gewünschte Länge hat.

GRÖSSE:
mittel
LEVEL 3

Ponylatzhose

Diese Latzhose ist perfekt für kleine Pferdenarren und so bequem wie niedlich. Die Träger lassen sich verstellen, und die Hosenaufschläge sind variabel, sodass die Latzhose über einen längeren Zeitraum getragen werden kann. Wenn Sie ein passendes Oberteil dazu nähen möchten, nehmen Sie das Schnittmuster für das Hemd bwz. die Bluse für Elefantenfreunde und lassen einfach die Elefantenapplikationen weg.

Material

brauner Feincord: 1,80 cm; 2-mal A, 2-mal B, 2-mal C, 2-mal D zuschneiden

bedruckter Baumwollstoff für das Futter: 90 cm; 2-mal I, J zuschneiden

rotes Leinen (oder etwas Ähnliches) für Zaumzeug und Hufeisen: 22 cm; K, L, M zuschneiden

pfirsichfarbener Wollfilz: Rest, 20 × 12,5 cm; 2-mal N zuschneiden

schwarzer Wollfilz: Rest, 15 × 15 cm; 2-mal O, 2-mal P zuschneiden

braunes Leinen (oder etwas Ähnliches) für das Ponygesicht: 45 cm; 2-mal E, 4-mal F, G, H zuschneiden

passendes Nähgarn

1,3 cm breites Gummiband: 45 cm; 2-mal Q zuschneiden

Knöpfe für die Augen: 2 Stück, 2,5 cm Durchmesser

Knöpfe für die Träger: 2 Stück, 1,8 cm Durchmesser

Aufbügelvlies: 22 cm

Fixiereinlage zum Aufbügeln: Rest, 12,5 × 25 cm

Schnittmuster: siehe Seite 128

1

Die Mittelstücke auf die Vorderseiten der Ohren legen, im Zickzack- oder Applikationsstich aufnähen. Die Rückseiten der Ohren rechts auf rechts auf die Vorderseiten legen, mit 0,5 cm Nahtzugabe zusammennähen. Auf rechts wenden und bügeln. Die Ohren senkrecht so in der Mitte falten, dass die Vorderseiten aufeinanderliegen, entsprechend den Einschnitten Abnäher nähen.

2

Das Vlies auf das Ponygesicht zuschneiden und entsprechend den Herstellerangaben von hinten auf das Gesicht aufbügeln. Das Papier von Halfterriemen, Nüstern und Augen abziehen, die Teile wie im Schnittmuster angegeben auf das Gesicht legen; aufbügeln. Im Zickzack- oder Applikationsstich aufnähen. Die Gesichtsrückseite rechts auf rechts auf die Vorderseite legen. Mit 0,5 cm Nahtzugabe zusammennähen, Oberseite offen lassen. Rundungen einknipsen, auf rechts wenden und bügeln.

Anmerkung

Auf den Stoff für die Halfterriemen, die Hufeisenapplikation, die Augen und die Nüstern Aufbügelvlies aufbügeln. Die Umrisse von den Schnittmusterteilen übertragen und ausschneiden. Wenn Sie dieses Modell aus Cord nähen, bügeln Sie den Stoff immer von links oder verwenden Sie ein Bügeltuch, um zu verhindern, dass der Flor flachgedrückt wird.

3

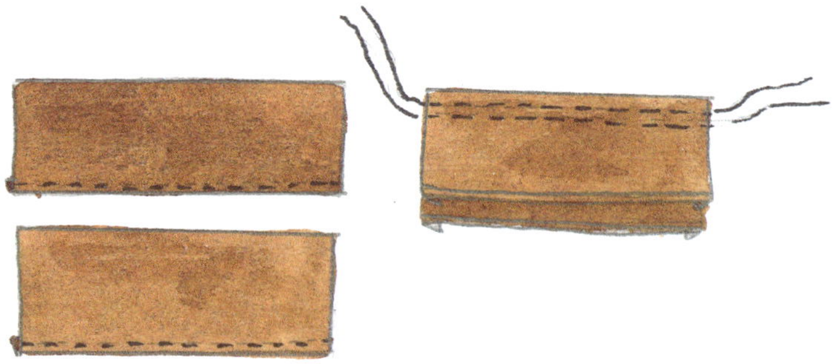

Um einen Schopf zu nähen, jeweils eine lange Kante der beiden Schopfteile 0,5 cm nach links umschlagen und 3 mm von der Kante absteppen. Den Stoff an den beiden kurzen Seiten 0,5 cm nach links umschlagen und bügeln. Das schmalere Schopfteil auf das breitere Schopfteil legen und entlang der oberen Kante zwei Kräuselnähte nähen, die erste 0,5 cm vom Rand und die zweite 1,5 cm vom Rand. An jedem Ende vorsichtig an den Unterfäden ziehen, um den Stoff zu kräuseln.

4

Den Schopf zwischen den kleinen Einschnitten auf das Ponygesicht legen und annähen. Die Ohren wie abgebildet an den Außenseiten der Einschnitte platzieren und annähen. Die Ohren hochklappen. An den Augenapplikationen die Knöpfe für die Augen annähen.

5

Die vordere Mittelnaht an den Oberteilen der Latzhose rechts auf rechts nähen; diesen Arbeitsschritt bei der hinteren Mittelnaht der Rückenteile wiederholen. Zur Verstärkung können Sie dicht daneben auf der Innenseite der ersten Naht eine zweite nähen. Danach die Nähte auseinanderbügeln.

6

Das Papier von der Hufeisenapplikation abziehen, das Hufeisen hinten auf die Ponylatzhose aufbügeln. Im Zickzack- oder Applikationsstich festnähen.

7

Entsprechend den Markierungen das Ponygesicht vorne auf die Latzhose stecken. Das Vorderteilfutter rechts auf rechts auf das Vorderteil legen und wie abgebildet entsprechend den Einschnitten festnähen, dabei liegt das Ponygesicht zwischen Futter und Hose. Auf rechts wenden und bügeln; 0,5 cm vom Rand absteppen.

8

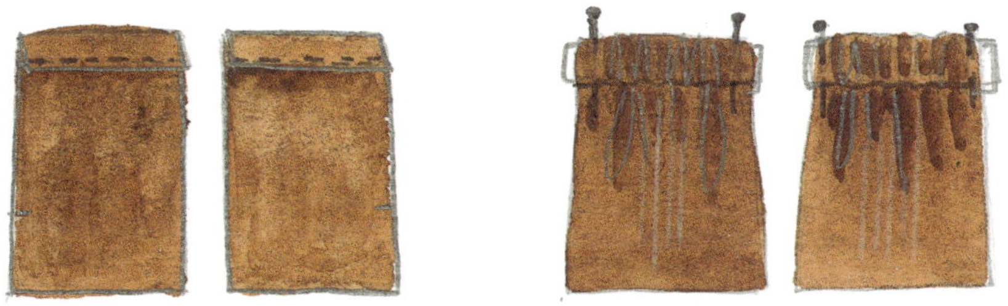

Den oberen Rand der Taschen 0,5 cm nach links umschlagen, dann erneut an den Einschnitten nach links umschlagen. 3 mm vom Rand aufnähen, sodass ein Tunnel für das Gummiband entsteht. Zwei Stücke Gummiband passender Länge zuschneiden und – mithilfe eines Schlauchwenders oder einer Sicherheitsnadel – oben durch jede Tasche ziehen. Jedes Gummibandende feststecken.

9

10

Die Taschen mit der rechten Seite auf die Innenseite des Vorderteils legen und wie abgebildet annähen. Dabei die obere Kante offen lassen. Das Vorderteil umdrehen und in dem Bereich entlang der Taschenoberkante steppen, wo sie sich mit dem Latzteil überlappt.

Das Vorderteil der Latzhose rechts auf rechts entsprechend den Einschnitten an den inneren und äußeren Beinnähten mit dem Rückenteil zusammennähen. Nähte auseinanderbügeln. Die Hosenaufschläge rechts auf rechts an den kurzen Rändern zusammennähen. Die Aufschläge unten 0,5 cm nach links umbügeln, rechts auf rechts an die Hosenbeine stecken, annähen. Aufschläge an der Naht nach oben umschlagen, bügeln und obere Ränder an Hosenbeine nähen.

11

Die langen und oberen Ränder der Träger rechts auf rechts zusammennähen. Die Ecken abschneiden, auf rechts wenden. Die Träger wie abgebildet entsprechend den kleinen Einschnitten an das Rückenteil der Latzhose nähen. Einen Träger verkreuzt über den anderen legen und festnähen, dann auch die Träger 0,5 cm vom Rand absteppen.

12

Die Knöpfe wie im Schnittmuster angegeben innen am Latz annähen. In die Enden der Träger Knopflöcher arbeiten.

13

Damit das Ponygesicht vorne auf der Latzhose nicht verrutscht, wird es durch alle Lagen (Gesicht und Latzvorderteil) rund um die Nüstern mit passendem Garn abgesteppt. Sie können noch ein passendes Hemd (oder eine Bluse) nähen, das unter dem Overall getragen wird und hierzu das Schnittmuster für das Hemd für Elefantenfreunde verwenden, die Elefantenapplikationen lassen Sie in diesem Fall weg (siehe Seite 36). Für Puffärmel ziehen Sie in den Tunnel, der an den Ärmelsäumen entsteht, einfach ein Gummiband ein.

Fäustlinge „Katz und Maus“

GRÖSSE:
mittel
LEVEL 2

Diese Fäustlinge sind schnell genäht. Vielleicht besitzen Sie ausgediente Pullis aus 100 Prozent Schafwolle oder Kaschmir, die Sie verwenden können, wenn nicht, dann versuchen Sie, etwas secondhand zu finden. Sie brauchen die Ärmel eines Pullis für die Kätzchen und eines zweiten für die Mäuse.

Material

cremefarbener Wollpullover (oder etwas Ähnliches): 2-mal A, 2-mal B, 2-mal C, 4-mal D zuschneiden

grauer Wollpullover (oder etwas Ähnliches): 4-mal I, 2-mal J, 2-mal K zuschneiden

rosa Wollfilz: Rest, 12,5 × 12,5 cm; 4-mal E, 2-mal F, 2-mal G, 2-mal H zuschneiden

Knöpfe für die Augen: 4 Stück, 1,3 cm Durchmesser

Stickgarn für die Mäuseschwänze und Augen: 1,80 m

passendes Nähgarn

Schnittmuster: siehe Seite 126

Die Schnittmusterteile gelten für den linken Fäustling – denken Sie daran, für den rechten Fäustling alles umzudrehen.
(Hierzu nach dem Ausdrucken die Teile einfach wenden und die Markierungen auf die gegenüberliegende Seite übertragen.)

So entsteht Filz

Beim Filzen wird das Gewebe von Strickstoffen verdichtet, dadurch wird es dicker und franst beim Schneiden nicht aus. Stecken Sie jeden Pullover in einen alten weißen Kopfkissenbezug und verschließen Sie diesen mit einem Gummiband – so werden Ihre Waschmaschine und Ihr Trockner davor geschützt, zu verstopfen. Die Bezüge mit den Pullovern für einen Waschgang mit heißem Wasser in die Waschmaschine legen. Herausnehmen und bei hoher Temperatur in den Trockner legen. Durch die Hitze gehen die Pullover ein und die Wolle verfilzt zu einem festen Stoff. Beim Herausnehmen aus dem Trockner sollten sie deutlich kleiner geworden sein, und das Maschengewebe sollte nicht mehr erkennbar sein. Wenn das Gewebe noch erkennbar ist, den ganzen Vorgang wiederholen; es kann mehrere Wasch- und Trockengänge brauchen, bis das Filzen abgeschlossen ist. Sind die Pullover verfilzt, bügeln Sie sie mit viel Dampf flach, und schneiden Sie die Teile wie angegeben aus.

1

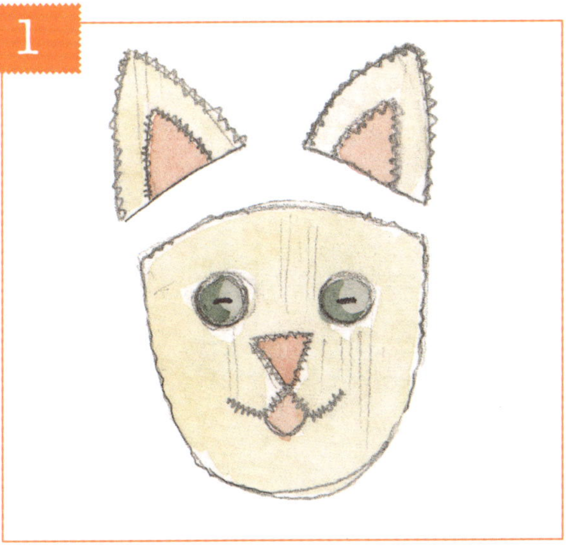

Mittelstücke aus Filz auf die rechte Seite der Katzenohren legen, im Zickzack- oder Applikationsstich aufnähen. Mit Katzennase, -mund und -zunge wiederholen. Im Zickzackstich über die Schnittkanten der Ohren nähen, dann wirken sie echter. Knöpfe für die Augen per Hand gut festnähen.

2

Die winzigen Nasen auf die Mäusegesichter legen und im Zickzackstich aufnähen. Für die Mäuseaugen das Stickgarn in eine Sticknadel einfädeln. Für jedes Auge mehrere Stiche machen und auf der linken Stoffseite mit einem Doppelknoten beenden.

3

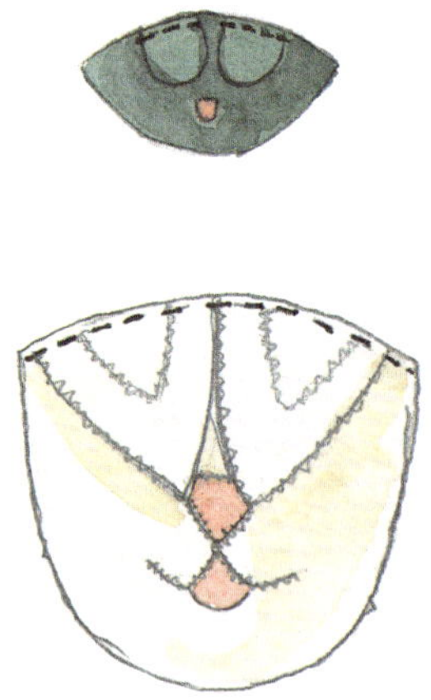

Die Ohren wie abgebildet rechts auf rechts auf die Gesichter legen und mit 0,5 cm Nahtzugabe annähen.

4

Die Bündchen der Fäustlinge rechts auf rechts auf die Katzengesichter legen und oben zusammennähen. Dabei werden Sie die Bündchen etwas dehnen müssen. Den unteren Teil des Daumens rechts auf rechts auf das Mäusegesicht legen und über der Heftnaht festnähen. Beim zweiten Fäustling wiederholen.

5

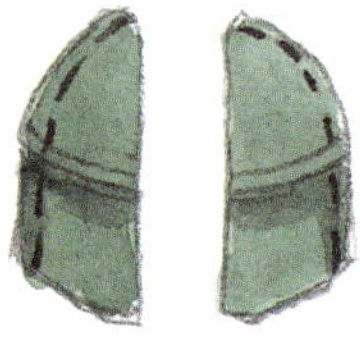

Jeden „Mäuse-Daumen" wie abgebildet senkrecht in der Mitte falten und mit knapp 3 mm Nahtzugabe zusammennähen.

6

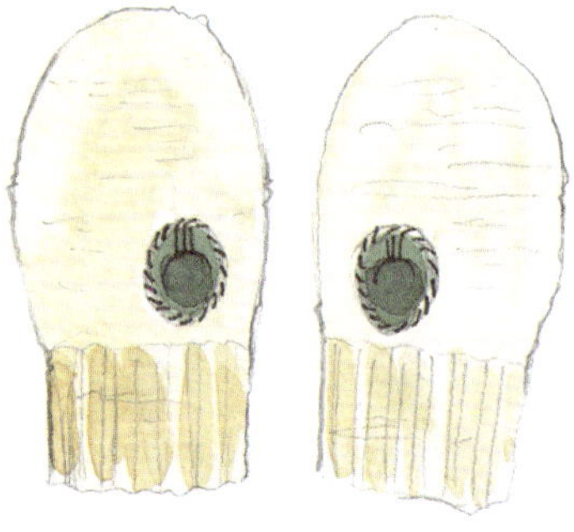

In eine Sticknadel Stickgarn passend zur Katzenfarbe einfädeln. Den „Mäuse-Daumen" von rechts mit der Naht nach unten auf die Handfläche des Fäustlings legen, von links rund um das Daumenloch im überwendlichen Stich annähen. Mehrmals um die Öffnung nähen.

7

In eine Sticknadel das Garn einfädeln, mit dem die Mäuseaugen gestickt wurden. Unten am Daumen beginnend, den Mäuseschwanz im Rückstich auf die Handfläche des Fäustlings sticken. Am Ende vernähen, damit die Stickerei sich nicht auftrennt.

8

Ober- und Unterseite der Fäustlinge rechts auf rechts aufeinanderlegen. Mit 0,5 cm Nahtzugabe zusammennähen, dabei darauf achten, dass die Katzenohren nicht in die Naht geraten. Auf rechts wenden. Nun können die kleinen Miezekatzen ihre neuen Fäustlinge anprobieren und müssen nur noch eingeschärft bekommen, sie nicht zu verlieren.

Regencape „Emsiges Bienchen“

GRÖSSE: mittel

LEVEL 2

Regentage sind herrlich, wenn die lieben Kleinen von einem Bienchen-Regencape trocken gehalten werden! Das Cape wird aus Baumwollsegeltuch angefertigt, einem stark wasserabweisenden, dicht gewebten Stoff, und ist mit einem lustigen Baumwoll-Druckstoff gefüttert, der für zusätzliche Wärme sorgt. Große Knöpfe und die Oversized-Form machen es Pfützenhüpfern leicht, das Cape ohne Hilfe anzuziehen.

Material

weißes Baumwollsegeltuch: 90 cm; 2-mal A, 2-mal B zuschneiden

schwarzes Baumwollsegeltuch: 69 cm; C, 2-mal D, E, F, 2-mal G, 2-mal H, I, 2-mal J, K zuschneiden

gelbes Baumwollsegeltuch: 45 cm; 2-mal L, 2-mal M, N, O, 2-mal P zuschneiden

bedruckter Baumwollstoff für das Futter: 90 cm; 2-mal Q, R, S, 2-mal T zuschneiden

passendes Nähgarn

Knöpfe: 5 Stück, 2,5 cm Durchmesser

Schnittmuster: siehe Seite 126

1

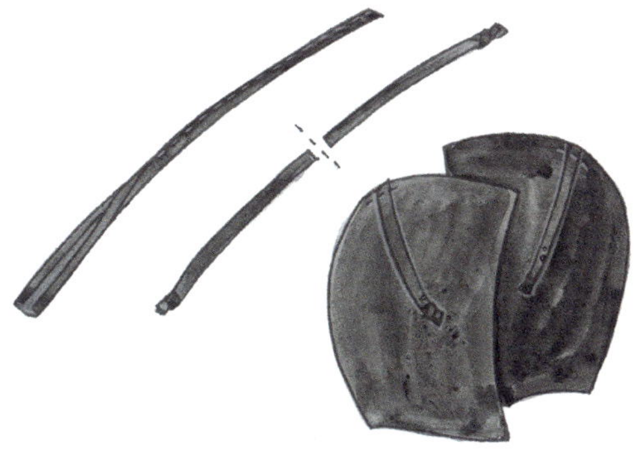

An beiden langen Seiten des Fühlers 1,5 cm nach links umschlagen und bügeln. 3 mm neben den Faltkanten zunähen. An jedem Ende einen Knoten machen und den Fühler in der Mitte durchschneiden, um zwei daraus zu machen. An der Kapuze rechts und links bei den Einschnitten jeweils einen Fühler von rechts annähen.

2

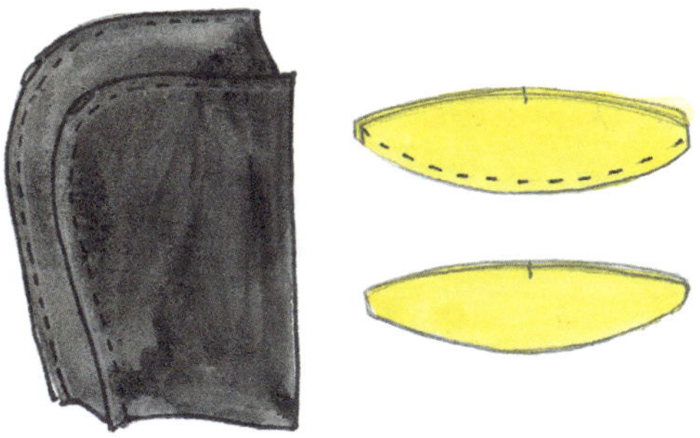

Die Seitenteile der Kapuze rechts auf rechts an das Mittelteil der Kapuze nähen. Die Nähte auseinanderbügeln. Auch beim Kapuzenfutter die Seitenteile an das Mittelteil nähen. Die Kapuzenschirme rechts auf rechts mit 0,5 cm Nahtzugabe entlang der nicht eingeschnittenen Seite zusammennähen. Auf rechts wenden und bügeln. An die Kapuze ansetzen und festnähen.

3

Den Kapuzenbesatz rechts auf rechts entsprechend den kleinen Einschnitten vorne an die Kapuze nähen, um den Schirm zu fixieren. Anschließend das Futter an den Besatz nähen.

4

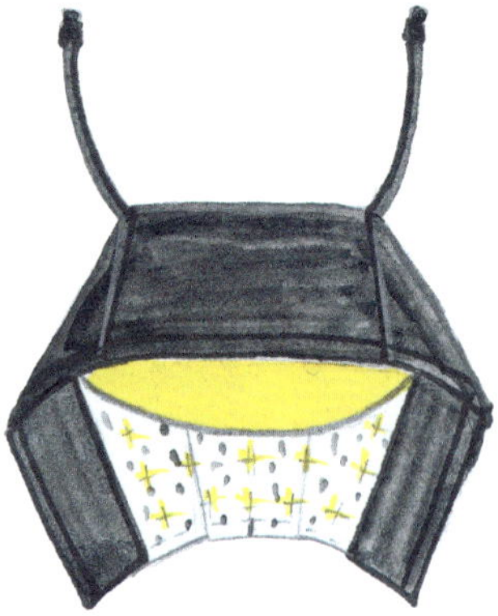

Die Kapuze auf rechts wenden und die vordere Naht flachbügeln. Am Halsrand die Kapuze mit dem Kapuzenfutter zusammenheften.

5

Die Teile für die Streifen am Vorderteil des Bienenkörpers rechts auf rechts mit 1,5 cm Nahtzugabe zusammennähen und die Nähte auseinanderbügeln. Anschließend mit den Streifen am Rückenteil ebenso verfahren. Jeden Streifen jeweils 0,5 cm von der Naht absteppen, dabei den Faden jeweils passend zum gelben oder schwarzen Streifen wechseln.

6

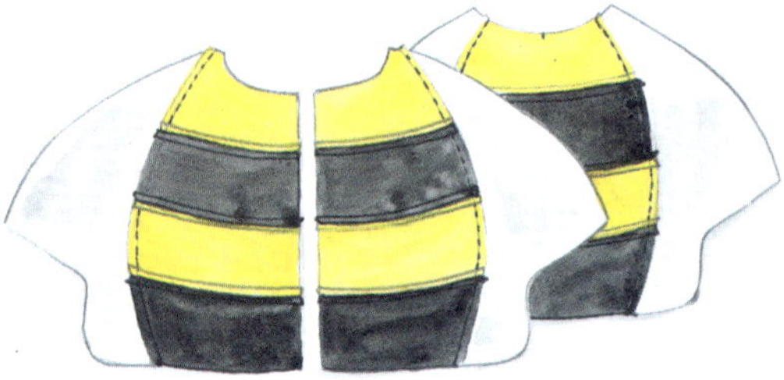

Die Vorderseiten der Flügel mit 1,5 cm Nahtzugabe an die Seiten der Vorderteile nähen, die Nähte zu den Flügeln hin bügeln. Anschließend die Rückseiten der Flügel ebenso an das Rückenteil nähen.

7

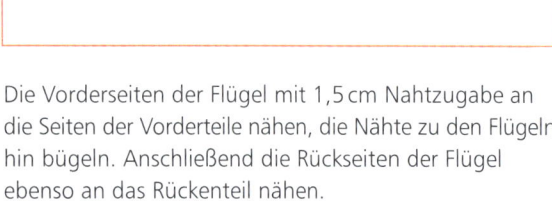

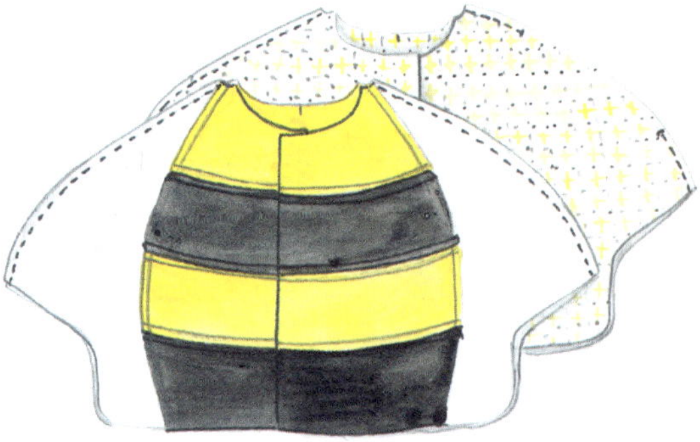

Die Vorderteile des Capes rechts auf rechts an der Schulter mit 1,5 cm Nahtzugabe mit dem Rückenteil zusammennähen. Nähte auseinanderbügeln. Das Capefutter der Vorderteile rechts auf rechts mit 1,5 cm Nahtzugabe an das Futter des Rückenteils nähen, zwischen den Einschnitten auf der linken Seite offen lassen. Nähte auseinanderbügeln.

8

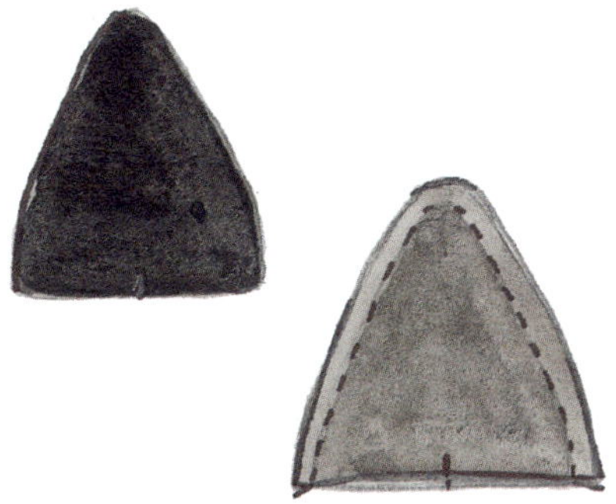

Vorder- und Rückseite des „Stachels“ zusammennähen, Ecke abschneiden, auf rechts wenden, bügeln und entsprechend den Einschnitten in der Mitte des unteren Randes hinten am Cape annähen. Die Einschnitte in der Mitte der Kapuze am hinteren Halsrand auf die in der Mitte des hinteren Halsausschnitts des Capes abstimmen, zusammenstecken. Die Kapuze an das Cape nähen (0,5 cm Nahtzugabe). Naht übersteppen, um sie zu verstärken.

9

Futter rechts auf rechts so auf das Cape stecken, dass Schulternähte und Einschnitte übereinstimmen. In der Mitte des hinteren Halsausschnitts das Futter entlang der Außenkanten an das Cape nähen (0,5 cm Nahtzugabe). Ecken an den Rändern der vorderen Öffnung abschneiden, Rundungen einknipsen. Durch die Öffnung im Futter auf rechts wenden. Futter nach innen bügeln, Öffnung an der linken Schulter im überwendlichen Stich schließen.

10

Beginnend am Halsausschnittrand des rechten Vorderteils, etwa 0,5 cm vom Rand entfernt, das gesamte Cape absteppen. Das Garn wechseln, damit es zur jeweiligen Stofffarbe passt. Die Flügel wie im Schnittmuster angegeben ober- und unterhalb der Knopflöcher absteppen. Am rechten Vorderteil 2 cm vom Rand drei waagerechte Knopflöcher nähen. Außen an den Vorderteilen zwei diagonale Knopflöcher nähen. Alle Knöpfe annähen wie im Schnittmuster angegeben.

Näh-techniken

Grundausstattung

Für die Projekte in diesem Buch brauchen Sie ein paar wichtige Nähutensilien, und zusätzlich gibt es einige praktische Extras.

Das wichtigste Handwerkszeug zum Nähen von Kleidung ist eine Nähmaschine. Sie brauchen ein Modell, das Stepp- und Zickzackstiche sowie Knopflöcher nähen kann und eine Rückwärtstaste hat. Diese Funktionen zählen meist auch bei einfachen Geräten zum Standard. Alle Nähmaschinen arbeiten mehr oder weniger nach demselben Prinzip, es empfiehlt sich aber, in der Bedienungsanleitung nachzulesen, um sicher zu gehen, dass der Faden richtig eingelegt ist.

Es gibt für Nähmaschinen verschiedene nützliche Accessoires. Wichtig ist ein Steppfuß, der auch bei einem einfachen Modell enthalten sein sollte. Was Sie außerdem brauchen, ist die Knopflochfunktion, damit Sie Knopflöcher nähen können, aber auch die ist bei einer neuen Maschine in der Regel als Standard enthalten. Ein Reißverschlussfuß kann nützlich sein, allerdings benötigt keines der Projekte in diesem Buch einen Reißverschluss.

Nähmaschinen der Oberklasse bieten viele weitere Funktionen, aber dabei handelt es sich in der Regel um Zierstichoptionen, die beim elementaren Schneidern nicht erforderlich sind. Sie können den einfachen Zickzackstich einer konventionellen Nähmaschine zum Versäubern der Schnittkanten an den Nähten verwenden.

Nähnadeln und Stecknadeln

Zwar wird der Großteil der Näharbeit in diesem Buch mit der Nähmaschine erledigt, Sie werden jedoch hin und wieder ein paar Stiche per Hand arbeiten müssen – dabei handelt es sich meist nur um Heftstiche – Sie sollten also ein paar Nähnadeln in Ihrem Nähkästchen haben. Am besten sind normale Nähnadeln mit scharfer Spitze in einer Durchschnittsstärke (Stärke 6 oder 7 ist ideal). Auch Quilt- und Sticknadeln sollten Sie für einige der Projekte bereithalten.

Ebenfalls wichtig sind Stecknadeln. Sie halten beim Zusammensetzen eines Kleidungsstücks die einzelnen Teile zusammen, bevor sie zusammengenäht werden. Außerdem müssen Sie das Schnittmuster vor dem Zuschneiden auf dem Stoff fixieren. Hierfür sind lange Schneider-Stecknadeln von guter Qualität am besten geeignet. Kleiner Tipp: Stecknadeln mit bunten Köpfen sind leichter zu sehen.

Schneidewerkzeug

Das wichtigste Schneidewerkzeug ist eine Schneiderschere: Diese Spezialscheren haben nach oben abgewinkelte Griffe, sodass die Klinge beim Schneiden des Stoffs flach liegen kann. Eine Stickschere ist praktisch, um Nähte zurückzuschneiden und in kleinen Ecken zu schnippeln, ein Nahtauftrenner hilft beim Beheben von Fehlern. Legen Sie sich auch eine normale Haushaltsschere bereit, um die Schnittmusterteile aus Papier auszuschneiden.

Messen und markieren

Ein Maßband ist ein weiteres unverzichtbares Werkzeug. Sie brauchen es, um bei Ihrem kleinen Liebling Maß zu nehmen, und als Hilfe beim Ausschneiden des Schnittmusters. Benötigt wird es zudem, um Nähte, Säume und andere Teile des Kleidungsstücks nachzumessen. Schließlich sollte Ihr Nähkästchen Schneiderkreide enthalten. Immer, wenn Sie ein Schnittmusterteil aus dem Stoff ausschneiden, müssen Informationen vom Schnittmuster auf den Stoff übertragen werden und dafür eignet sich am besten Schneiderkreide, erhältlich in Form flacher Kreidedreiecke oder als Stift.

Zum Gebrauch der Schnittmuster

Um die Projekte in diesem Buch nachzunähen, müssen Sie bei dem Kind Maß nehmen, die richtige Schnittmustergröße wählen und anschließend die Schnittmusterteile auf den Stoff legen und Markierungen auf den Stoff übertragen.

Erste Schritte

Die Schnittmuster aus diesem Buch können von der mitgelieferten CD auf einem Standarddrucker ausgedruckt werden (weitere Informationen auf Seite 111). Bevor Sie das Schnittmuster ausschneiden, müssen Sie bei dem Kind, für das Sie nähen, Maß nehmen, um zu bestimmen, welche Schnittmustergröße Sie brauchen und ob noch Änderungen nötig sind. Damit sorgen Sie dafür, dass das fertige Kleidungsstück bequem ist und gut sitzt. Als grobe Orientierung für die richtige Schnittmustergröße kann zunächst das Alter des Kindes dienen. Da aber jedes Kind in seinem eigenen Tempo wächst, messen Sie am besten nach, bevor Sie zur Schere greifen.

Um zu bestimmen, welche Größe auszuschneiden ist, messen Sie zuerst den Brustumfang des Kindes. Legen Sie das Maßband um die stärkste Stelle des (höchstens mit einem dünnen Unterhemd bekleideten) Oberkörpers, meist wenige Zentimeter unter der Achsel. Dieses Maß vergleichen Sie mit der Größentabelle und wählen die entsprechende Größe.

Für eine bestmögliche Passform sollten Sie auch die Armlänge des Kindes messen und mit dem Schnittmuster vergleichen. Bedenken Sie, wie schnell Kinder wachsen! Ein Ärmel, der heute noch etwas zu lang ist, wird bald wunderbar passen, und ein zu kurzer Ärmel kann in diesem Stadium noch problemlos verlängert werden. Zum Messen der Armlänge bitten Sie das Kind, sich mit bequem an der Seite hängenden Armen hinzustellen. Messen Sie von der Stelle, wo der Arm oben die Schulter trifft (dort sitzt dann der Ärmel) bis zu dem kleinen Knochen, der am Handgelenk vorsteht. Wenn Sie dieses Maß haben, messen Sie das Schnittmusterteil des Ärmels und vergleichen die Ergebnisse. Ist der Ärmel zu kurz, verlängern Sie ihn entsprechend.

Das letzte Maß, das zu prüfen ist, ist die Gesamtlänge des Kleidungsstücks. Für eine Jacke, ein Hemd oder eine Bluse wird die mittlere Rückenlänge des Kindes gemessen – vom obersten Knochen der Wirbelsäule bis dahin, wo das Kleidungsstück enden soll. Vergleichen Sie dieses Maß mit der mittleren Rückenlänge des Schnittmusterteils und passen Sie die Länge nach Bedarf an. Für einen Rock, ein Kleid oder eine Hose wird von der Taille des Kindes bis zu dem Punkt gemessen, wo das Kleidungsstück enden soll. Auch dieses Maß vergleichen Sie mit dem entsprechenden Schnittmusterteil und passen es gegebenenfalls an. Wenn das Kind nicht ungewöhnlich groß oder dünn ist, können die meisten Größenprobleme einfach dadurch gelöst werden, dass die nächste Schnittmustergröße gewählt wird.

Anpassen der Länge

Da die meisten Schnittmusterteile geformt sind, ist es in der Regel nicht möglich, zum Kürzen oder Verlängern einfach am unteren Rand etwas wegzunehmen oder hinzuzufügen. Besser ist es, die Änderung irgendwo in der Mitte des Schnittmusterteils vorzunehmen. Falten Sie das Schnittmuster der Breite nach in der Mitte und nehmen Sie Änderungen an dieser Linie vor. Verläuft die Linie über ein wichtiges Detail des Schnittmusters, wie eine Nahtlinie, machen Sie die Falte ein Stückchen weiter unten oder oben.

Um ein Teil zu kürzen, legen Sie im Schnittmuster eine Falte, die die gewünschte Menge wegnimmt. Zum Verlängern eines Teils schneiden Sie das Schnittmuster durch und fügen ein Stück Papier in der gewünschten Größe ein. Verbinden Sie die Seitenränder mit einem Strich, damit wieder eine durchgehende Linie entsteht.

Größentabelle

Größe	klein		mittel		groß	
Alter in Jahren	1	2	3	4	5	6
Brustumfang in cm	46-51	53	56	59	61	64
Körpergröße in cm	79	87	94	102	109	117

Schnittmuster auf den Stofflegen

Am einfachsten lässt sich Stoff zuschneiden, der in einer Lage liegt. Beginnen Sie beim Verteilen der Schnittmusterteile mit dem größten Teil, um den Stoff bestmöglich auszunutzen. Die Teile mit einer Stecknadel provisorisch auf den Stoff stecken und dabei den Fadenlauf beachten.

Fadenlauf

Die wichtigste Markierung auf dem Schnittmuster ist der Fadenlauf. Es ist ein langer Strich, der an beiden Enden mit einer Pfeilspitze endet. Diesen Strich müssen Sie vor dem Zuschneiden der Teile auf den Fadenlauf des Stoffs ausrichten. Wird das nicht gemacht, fällt das fertige Kleidungsstück nicht richtig. Ein gewebter Stoff hat zwei Fadenlauflinien, eine längs und eine quer. Der längs verlaufende Fadenlauf (Kettfaden) läuft parallel zur Webkante; der quer verlaufende Fadenlauf (Schussfaden) verläuft im rechten Winkel zur Webkante. Wenn Sie ein Stück Stoff kaufen, sind die Webkanten die versäuberten, ungeschnittenen Kanten.

Wenn Sie einen Stoff nehmen und im 45°-Winkel (diagonal) zum Kettfaden ziehen, fühlt er sich recht dehnbar an – sehr viel dehnbarer, als wenn Sie ihn im längs oder quer verlaufenden Fadenlauf ziehen. Wenn Sie ein Schnittmusterteil „schräg zuschneiden", bedeutet das, dass es in diesem 45°-Winkel zum Fadenlauf zugeschnitten wird und sehr viel dehnbarer ist.

Filz bildet eine Ausnahme. Da er keinen Fadenlauf hat, können Sie die Schnittmusterteile in beliebiger Richtung auflegen, um den Stoff bestmöglich zu nutzen.

Wenn Sie die Schnittmusterteile passend zum Fadenlauf aufgelegt haben, stecken Sie zunächst die größten Teile zum Zuschneiden rundherum auf dem Stoff fest, damit sie flach liegen bleiben. Zeichnen Sie die Umrisse jedes Schnittmusterteils mit Schneiderkreide als gestrichelte Linie auf den Stoff (siehe Foto unten und Seite 102).

Anschließend übertragen Sie die anderen Markierungen (siehe unten). Nachdem die größeren Teile fertig aufgezeichnet sind, nehmen sie die kleinen Schnittmusterteile und achten wieder auf den Fadenlauf. Sind alle Schnittmusterteile aufgezeichnet und die wichtigsten Markierungen übertragen, können Sie mit dem Zuschnei-

Hilfreiche Webkante

Um ein Schnittmusterteil korrekt nach dem Fadenlauf auszurichten, stecken Sie ein Ende der markierten Fadenlauflinie auf den Stoff. Von hier zur Webkante messen. Das andere Ende der Fadenlauflinie so platzieren, dass es denselben Abstand von der Webkante hat, und feststecken. So liegt die markierte Fadenlauflinie parallel zur Webkante.

den beginnen. Vergessen Sie nicht, auch die Namen der Teile und den Fadenlauf vor dem Ausschneiden auf den Stoff zu übertragen. Andernfalls verlieren Sie den Überblick, welches Teil welches ist, sobald das Papier entfernt ist.

Markierungen

Wenn Sie die korrekte Größe für das Schnittmuster bestimmt und alle Teile für das gewählte Kleidungsstück zusammengestellt haben (siehe Seite 111), müssen Sie einige Markierungen, die auf dem Schnittmuster aufgedruckt sind, auf den Stoff übertragen. An den Rändern der Schnittmusterteile etwa werden Sie kleine offene Rechtecke bemerken. Diese Markierungen stehen für kleine Einschnitte im Bereich der Nahtzugabe, die Ihnen helfen, die verschiedenen Teile eines Kleidungsstücks richtig zusammenzufügen. So werden Sie beispielsweise oben auf der Armkugel des Schnittmusters für den Ärmel solche Einschnitte sehen und am Rand der Armlöcher von Vorder- und Rückenteil. Wenn Sie den Ärmel mit dem Vorder- und Rückenteil zusammenstecken, müssen Sie nur darauf achten, dass die Einschnitte der Teile zusammenpassen.

Prinzipiell gibt es verschiedene Möglichkeiten, diese Markierungen vorzunehmen. Sie können die Stellen auf dem zugeschnittenen Stoffstück am Rand mit Kreide markieren; der Nachteil ist, dass diese Markierungen beim Hantieren mit dem Stoff leicht abgerieben werden können. Alternativ dazu können Sie die Position der Rechtecke mit ein paar Heftstichen markieren; es ist allerdings schwierig, dabei so genau zu arbeiten. Die sicherste und präziseste Variante besteht darin, an der entsprechenden Stelle in die Nahtzugabe ein kleines Recht- oder Dreieck zu schneiden – Sie müssen lediglich darauf achten, den Schnitt nicht zu groß zu machen. Daher ist in den Anleitungen in diesem Buch die Rede von (kleinen) Einschnitten, falls Ihnen eine andere Methode mehr zusagt, können Sie diese selbstverständlich auch anwenden.

Auf einigen Kleidungsstücken werden Sie Details, wie die Platzierung von Falten und Abnähern oder Taschen, sehen. Am besten werden solche Elemente mit Schneiderkreide auf den Stoff gezeichnet. Übertragen Sie alle Markierungen vor dem Zusammenstecken und -nähen der Teile, so werden sie genauer, als wenn die Stoffteile schon zusammengefügt sind.

Symmetrische Schnittmusterteile werden von einer durchgezogenen Linie halbiert, dem sogenannten Stoffbruch. Den Stoff im Stoffbruch zuzuschneiden, geht schneller, da Sie nur die halbe Form aufstecken und ausschneiden müssen. Falten Sie das Schnittmuster entlang des Stoffbruchs, und legen Sie diese Kante auf die Bruchkante des Stoffs. Nicht vergessen, den Fadenlauf wie üblich zu berücksichtigen. Das Schnittmusterteil mit beiden Stofflagen zusammenstecken und auf Falten auf der Rückseite kontrollieren. Den Umriss aufzeichnen und das Teil ausschneiden, die übrigen Markierungen übertragen – hierfür das wieder aufgefaltete Schnittmusterteil zur Orientierung verwenden.

Es wird Gelegenheiten geben, bei denen Sie ein Schnittmusterteil aus Papier haben, dieses Teil jedoch zweimal aus Stoff zuschneiden müssen, zum Beispiel bei Ärmeln. Machen Sie sich entweder zwei Papier-Schnittmusterteile oder verwenden Sie das eine Papier-Schnittmusterteil, um ein Teil aus dem Stoff zuzuschneiden, und stecken Sie das Papierteil anschließend erneut auf den Stoff, um das zweite Teil zuzuschneiden.

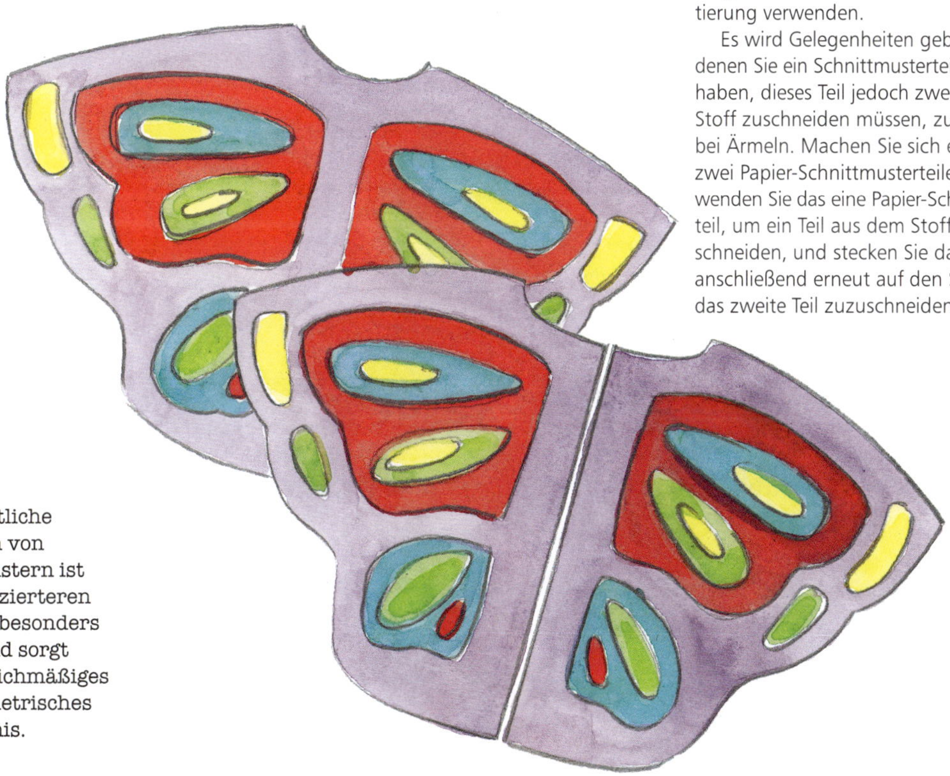

Das ordentliche Markieren von Schnittmustern ist bei komplizierteren Projekten besonders wichtig und sorgt für ein gleichmäßiges und symmetrisches Endergebnis.

Nähte und Säume

Immer, wenn Sie Stoffteile zusammennähen, entsteht eine Naht, und immer, wenn Sie einen Stoffrand nach oben umschlagen, entsteht ein Saum. Das sind die Grundlagen des Schneiderns.

Um eine Naht zu produzieren, bringen Sie zwei oder auch mehr Stoffteile zusammen und nähen durch alle Lagen. Der Abstand zwischen der Stichreihe und der Stoffkante wird als Nahtzugabe bezeichnet. Egal, wie breit sie ist, wichtig ist, durchgängig mit derselben Nahtzugabe zu arbeiten – solange nichts anderes angegeben ist –, weil die Schnittteile sonst nicht richtig zusammenpassen. Selbst kleine Diskrepanzen können erhebliche Auswirkungen haben.

In diesem Buch wechseln die Nahtzugaben je nach Projekt, achten Sie daher genau auf die jeweiligen Angaben.

Eine Naht nähen

Wenn Sie mit der Maschine eine Naht nähen möchten, heben Sie zuerst den Nähfuß und die Nadel. Legen Sie den Stoff unter den Nähfuß und senken Sie diesen wieder ab, damit er den Stoff hält. Auf der Stichplatte sind rechts Maße angegeben. Richten Sie die Stoffkante auf das richtige Maß aus, um eine gleichmäßige Nahtzugabe einzuhalten. Sie können auch auf der Stichplatte mit einem Stück Klebeband oder einer aufgezeichneten Linie die üblicherweise verwendeten Nahtzugaben hervorheben.

Legen Sie Ihren Stoff, bevor Sie mit dem Nähen beginnen, nah oben an der geplanten Naht unter den Nähfuß. Nähen Sie ein kurzes Stück vorwärts und halten Sie an. Drücken Sie die Rückwärtstaste, und nähen Sie zum Anfang der Naht zurück. Lassen Sie die Rückwärts. taste los, und nähen Sie wieder vorwärts bis zum Ende der Naht. Dort drücken Sie wieder die Rückwärtstaste und nähen ein paar Stiche zurück und wieder vorwärts. So wird der Faden am Anfang und Ende der Naht vernäht.

Ecken und Rundungen

Wenn Sie um eine Ecke nähen müssen, nähen Sie mit der Maschine bis zu diesem Punkt und halten die Maschine an, die Nadel bleibt dabei im Stoff – damit dies gelingt, werden Sie langsam nähen müssen. Heben Sie den Nähfuß an und drehen Sie den Stoff, bis die Fortsetzung der Naht mit der Orientierungslinie an Ihrer Nähmaschine zusammenpasst.

Das Nähen einer Rundung verlangt etwas Übung. Richten Sie zuerst die Stoffkante auf die entsprechende Markierung auf der Stichplatte Ihrer Nähmaschine aus. Dann fangen Sie sehr langsam an zu nähen, und während Sie nähen, drehen Sie den Stoff jeweils so, dass die offene Kante denselben Abstand zur Markierung beibehält.

Säume

Ein Saum entsteht, wenn Sie die offene Kante eines Stoffstücks so nach oben umschlagen, dass sie nicht mehr zu sehen ist. Wenn es in der Anleitung heißt, den „Saum einschlagen", schlagen Sie ihn nach links um. Wenn Sie den Stoff einmal umschlagen, erhalten Sie einen einfachen Saum; schlagen Sie ihn zweimal um, ist es ein doppelter Saum. Wird ein Saum nur einmal eingeschlagen, empfiehlt es sich, die offene Kante zuerst mit dem Zickzackstich der Nähmaschine zu versäubern. Beim Umschlagen eines doppelten Saums ist der erste Umschlag schmaler als der zweite – sonst würde der Saum zu sehr auftragen.

Zum Einschlagen eines Saums falten Sie zuerst die vorgesehene Stoffmenge (in der Regel 1 cm) um und stecken sie dann fest. Den Rand bügeln und die Stecknadeln wieder herausnehmen.

Die beim zweiten Umschlag vorgesehene Stoffmenge nun ebenfalls umfalten und wieder feststecken. Den Saum von links mit der Hand im Saumstich nähen, die Stiche nah an der Umschlagskante des ersten Umschlags nähen. Viele Nähmaschinen haben eine Einstellung für den Saumstich; lesen Sie in Ihrer Bedienungsanleitung nach, falls Sie den Saum nicht von Hand nähen möchten.

Beginnen und beenden Sie das Nähen des Saums nach Möglichkeit an einer Naht, und verwenden Sie zum Vernähen nicht die Rückwärtsfunktion, da die Stiche auf der rechten Seite zu sehen wären. Wenn die Naht fertig ist, ziehen Sie stattdessen an einem lockeren Faden auf der linken Seite des Saums, sodass Sie eine Nahtschlaufe von der rechten Seite (nach links) durchziehen. Stechen Sie mit der Spitze einer Stecknadel in die Schlaufe, und ziehen Sie daran, bis Sie das Fadenende nach links gezogen haben. Verknoten Sie die beiden Fadenenden mehrmals, um die Naht zu sichern. Den fertig genähten Saum wieder bügeln.

Knifflige Ecken

Wenn Sie einen Saum einschlagen müssen, der um eine Ecke führt, sollen natürlich keine hässlichen Ausbuchtungen entstehen. Beginnen Sie mit dem ersten Umschlag, und bügeln Sie ihn. Nun schlagen Sie den Saum ein zweites Mal um und bügeln alles mit Ausnahme der Ecken. Falten Sie beide Umschläge auf, schneiden Sie in der Ecke überschüssigen Stoff ab. Nacheinander den ersten und den zweiten Umschlag wieder falten und den Saum an der Ecke zu einer diagonalen Linie legen. Gut bügeln und dann nähen.

Nähte versäubern

Beim Zusammenfügen der Teile eines Kleidungsstücks gibt es ein paar einfache Nähmethoden, die Ihnen helfen, ein ordentliches Endergebnis zu erzielen.

Beim Nähen einer Naht bleiben immer noch „offene" Kanten. Dies sind die Schnittkanten des Stoffs bei der Nahtzugabe. In aller Regel empfiehlt es sich, diese offenen Kanten zu versäubern, um zu verhindern, dass sie ausfransen oder sich auflösen. Wenn Sie die Nähte auseinanderbügeln, versäubern Sie jede offene Kante der Nahtzugabe gesondert; wenn Sie die Naht zu einer Seite bügeln, versäubern Sie die offenen Kanten gemeinsam.

Kanten

Am wirksamsten versäubern Sie die Kanten einer Naht mit dem Zickzackstich der Nähmaschine. Nähen Sie im Zickzackstich entlang der Nahtzugabe, und zwar nah an, aber nicht auf der Kante, dann schneiden Sie überstehenden Stoff nah an der Zickzacknaht ab (achten Sie darauf, nicht in die Fäden zu schneiden).

Nähte zu- und einschneiden

Besonders beim Zusammennähen von mehr als zwei Stofflagen oder beim Nähen um Ecken erhält man eine auftragende Naht. Damit eine Naht flach und ordentlich wird, kann es nötig sein, die Nahtzugabe zurückzuschneiden. An Außenecken müssen meist die Stoffspitzen abgeschnitten werden. An Innenecken und entlang der Nähte an Rundungen sollten Sie die Nahtzugabe bis kurz vor der Naht einschneiden, die Stichreihe dabei jedoch nicht berühren. Gelegentlich werden Sie die Breite einer Nahtzugabe zurückschneiden müssen, etwa wenn das Kleidungsstück einen Besatz bzw. eine Blende bekommt. In der Regel ist das nur bei der Verarbeitung eines dicken Stoffs nötig.

Bügeln

Sind die offenen Kanten einer Naht versäubert, sollte diese gebügelt werden. Nähte werden entweder auseinandergebügelt oder zu einer Seite gebügelt.

Um eine Naht auseinanderzubügeln, legen Sie den Stoff mit der linken Seite nach oben auf das Bügelbrett und halten die Naht an einem Ende mit den Fingern offen. Fahren Sie mit der Bügeleisenspitze die Naht entlang, um sie zu öffnen, und bügeln Sie anschließend mit der Bügeleisenfläche, um die Naht flach und glatt zu bügeln.

Um eine Naht zu einer Seite zu bügeln, legen Sie den Stoff mit der linken Seite nach oben auf das Bügelbrett, drücken mit einer Hand die Nahtzugabe zu der gewünschten Seite und bügeln sie. Den Stoff auf rechts wenden, ein Bügeltuch über die Naht legen und diese erneut bügeln.

Bügeln ist wichtig

Wählen Sie zunächst die richtige Temperatureinstellung für Ihren Stoff. Den Stoff auf das Bügelbrett legen und das gewünschte Teil bügeln. Festen Druck ausüben und versuchen, den Stoff weder zu dehnen noch zu ziehen, da er sich sonst verformen könnte.

Wird der Stoff von rechts gebügelt, legen Sie ein Bügeltuch zwischen Stoff und Bügeleisen. Ein Bügeltuch ist ein sauberer Baumwollstoff (oder jeder andere Stoff, der hohe Bügeltemperaturen verträgt), der den Stoff beim Bügeln schützt. Wenn Sie kein Bügeltuch verwenden, bilden sich auf dem Stoff möglicherweise glänzende oder versengte Stellen.

Absteppen

Nach dem Versäubern und Bügeln einer Naht sollten Sie diese noch absteppen, damit sie schön flach liegt. Das hat auch den Vorteil, dass Sie damit der rechten Seite des Kleidungsstücks noch einen ordentlichen und dekorativen Abschluss hinzufügen. Beim Absteppen wird einfach eine gerade Maschinennaht genäht, die von rechts zu sehen ist.

Um eine Naht abzusteppen, die auseinandergebügelt wurde, legen Sie den Stoff mit der rechten Seite nach oben unter den Nähfuß und nähen 0,5–1,5 cm rechts von der Naht, sodass die Nadel durch die obere Stofflage und die Nahtzugabe sticht. Den Stoff andersherum unter den Nähfuß legen und wieder rechts neben der Naht (nun also auf der Gegenseite) im selben Abstand von der Naht absteppen.

Um eine Naht abzusteppen, die zu einer Seite gebügelt wurde, legen Sie den Stoff mit der rechten Seite nach oben unter den Nähfuß, die Nahtzugabe liegt rechts. Mit der Maschine 0,5–1,5 cm rechts von der Naht absteppen, sodass die Nadel durch die obere Stofflage und beide Nahtzugaben sticht.

Ordentlich versäubern

Der Zickzackstich versäubert die offenen Kanten einer Nahtzugabe am ordentlichsten. Das Absteppen einer Naht sorgt auf der rechten Seite des Kleidungsstücks für einen sauberen Abschluss und lässt die Nähte flach liegen.

Immer wieder bügeln

Es ist wichtig, die Nähte gleich im Arbeitsverlauf zu bügeln und diese Aufgabe nicht bis zum Ende des Projekts aufzuheben. Mit sauber gebügelten Nähten lassen sich die verschiedenen Teile des Kleidungsstücks einfacher zusammenfügen. Und nicht nur Nähte werden gebügelt; Säume, Falten und Abnäher profitieren ebenfalls davon, wenn Sie bereits zwischendurch gebügelt werden. Eine gute Idee ist es zudem, die Stoffteile vor dem Zusammennähen zu bügeln – sonst wird es schwierig, eine ordentliche, flache Naht zu erzielen.

Besätze und Einlagen

Nicht immer kann die Schnittkante eines Kleidungsstücks mit einem Saum versäubert werden – in solchen Fällen, etwa bei runden Halsausschnitten, müssen Sie mit einem Besatz arbeiten.

Beim Anfertigen eines Kleidungsstücks und Zusammennähen der verschiedenen Teile müssen die verbliebenen offenen Kanten in irgendeiner Weise versäubert werden. In aller Regel werden die Enden von Ärmeln und die Unterkanten des Vorder- und Rückenteils eines Kleidungsstücks mit einem Saum versäubert („versäumt"). Am Halsausschnitt und an den Armlöchern (eines ärmellosen Kleidungsstücks) sind diese Kanten in der Regel gerundet. Da es schwieriger wäre, sie umzuschlagen und zu säumen, werden sie mit einem Besatz versäubert. Auch die vorderen Öffnungen an Jacken, Mänteln und Westen werden mit einer Blende versäubert, da hier auch die zusätzliche Stabilität dieses Besatzes benötigt wird. Zudem ist es sehr viel wirkungsvoller, in eine Öffnung mit Blende Knopflöcher zu arbeiten.

Der Zweck eines Besatzes/ einer Blende

Ein Besatz ist ein gesondertes Stoffstück, das an die Kante eines Kleidungsstücks genäht und dann nach links umgeschlagen wird. Der Besatz wird entsprechend der Form der Kante zugeschnitten, an die er genäht werden soll. An einem Halsausschnitt beispielsweise ist der Besatz ein gerundetes Stoffstück; die gerundete Innenkante passt genau zu der Rundung des Halsausschnitts. Besätze müssen in demselben Fadenlauf (siehe Seite 104) zugeschnitten werden wie das Kleidungsstück, an das sie genäht werden.

Einlagen

Eine Einlage sorgt für höhere Stabilität. Eine Einlage ist ein spezieller Stoff, der auf den Besatz aufgebügelt oder aufgenäht wird. Der aufbügelbare Typ ist als Bügeleinlage bekannt und wegen seiner einfachen Verwendung eine beliebte Wahl. Einlagen gibt es in verschiedenen Stärken, wählen Sie die Stärke, die für Ihren Stoff und dessen Anforderungen am besten geeignet ist. Für die mit Einlagen versehenen Teile in diesem Buch wird eine dünne bis mittlere (leichte bis mittelschwere) Einlage verwendet. Schnittmusterteile, die als „Einlage" bezeichnet sind, verwenden Sie, um die Einlage für die entsprechenden Stoffstücke zuzuschneiden.

So werden Besätze und Einlagen genäht:

Zuerst die Teile aus dem Stoff zuschneiden, auch den Besatz. Anschließend das Schnittmusterteil verwenden, um die Einlage zuzuschneiden.

Die Einlage auf die linke Seite des Besatzes legen. Ein Bügeltuch auflegen und über dieses Tuch bügeln. Das Bügeleisen auf die vom Hersteller empfohlene Temperatur einstellen.

Sobald die Einlage auf den Besatz aufgebügelt ist, alle Markierungen vom Papier-Schnittmuster auf die linke Seite des Besatzes übertragen.

Den mit der Einlage versehenen Besatz rechts auf rechts auf das richtige Teil des Kleidungsstücks legen, dabei darauf achten, dass die Kanten und etwaige Einschnitte im Bereich der Nahtzugabe übereinstimmen. Zusammenstecken.

Mit der empfohlenen Nahtzugabe mit der Maschine entlang der relevanten Kante nähen.

Die Nahtzugabe und jede Innenecke einschneiden, an einer Außenecke den Stoff abschneiden. Jede stark gerundete Naht in der Nahtzugabe einknipsen.

Den Besatz nach innen wenden. Falls Ecken vorhanden sind, mit dem kleinen Finger oder einer Stricknadel die Spitzen zur richtigen Seite drücken. Bügeln.

Stoff und Einlage in einem einzigen Arbeitsschritt zuschneiden

Ein Stück Stoff zuschneiden, das groß genug für Ihren Besatz ist, anschließend ein Stück Einlage in derselben Größe zuschneiden. Stoff und Einlage zusammenbügeln. Das Schnittmusterteil darauflegen, zusammenstecken und zuschneiden.

Methoden der Formgebung

Hier werden die strukturgebenden Methoden des Kräuselns von Stoff und Nähens von Abnähern sowie eine einfache Möglichkeit zur Fertigung eines Taillenbunds mit Gummizug vorgestellt.

Kräuseln

Die Weite eines Kleidungsstücks wird reduziert, indem der Stoff zusammengezogen wird – meist entlang einer Kante.

Um eine Kante mit der Maschine einzukräuseln, die Stichlänge auf das längste Maß einstellen, das es bei der Maschine gibt. Nun wird 1 cm von der offenen Kante entfernt entlang dieses Randes genäht; an jedem Ende der Naht die Fäden lang hängen lassen. Direkt neben der Innenseite der ersten Stichreihe erneut nähen. Die losen Fadenenden an einem Ende beider Stichreihen um eine Stecknadel wickeln und diese in den Stoff stecken. An den losen Fäden am anderen Ende der Stichreihe ziehen, um den Stoff zusammenzuziehen. Die Kräuselfalten gleichmäßig verteilen.

Abnäher

Abnäher werden bei den Projekten in diesem Buch am häufigsten für das Formen von Tierohren verwendet. Abnäher nehmen einen dreieckigen Bereich aus dem Stoff ein – die Grundlinie des Dreiecks liegt an der Stoffkante, die Spitze zeigt zum vollsten Teil des Ohrs.

Enthält ein Teil eines Kleidungsstücks einen Abnäher (im Schnittmuster mit einem V dargestellt), müssen Sie die Markierungen für den Abnäher vom Papier-Schnittmuster auf die linke Seite des Stoffteils übertragen.

Den Abnäher so falten, dass die markierten Linien an den Kanten zusammentreffen; zusammenstecken.

Entlang der markierten Linien nähen, beginnend an der breitesten Stelle des Abnähers, an der Stoffkante. Bis zur Spitze des Abnähers weiternähen, die Maschine über das Stoffende hinausnähen lassen, dann zurücknähen. Den Abnäher zu einer Seite bügeln. Wenn Sie beim Bügeln einen Schneiderschinken oder ein zusammengerolltes Handtuch unter den Abnäher legen, lässt sich die Rundung wirksamer in den Stoff bügeln.

Kräuselung

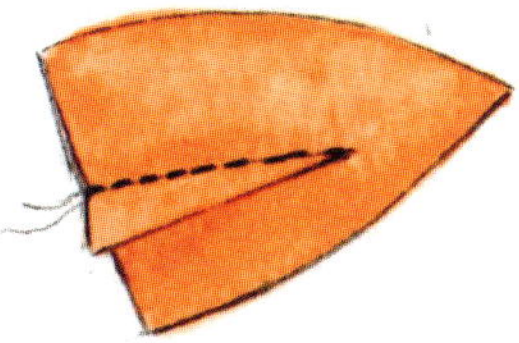

Abnäher

Taillenbund mit Gummizug

Ein Gummizugbund ist eine der einfachsten Möglichkeiten, einen Rock oder eine Hose in der Taille zu halten. Das Kleidungsstück kann dank des Gummis zum Anziehen in der Taille auseinandergezogen werden und sitzt dann bequem am Körper. Mehrere Projekte in diesem Buch, wie der Rock „Kleiner Leopard" (Seite 30) und die Ponylatzhose (Seite 86), nutzen den elastischen Gummibund. Sie brauchen dafür ein ausreichend langes Gummiband, das, wenn es ganz leicht gedehnt wird, bequem in der Taille sitzt, plus einer kleinen Extralänge. Das Gummiband wird in einem Stofftunnel versteckt.

Am einfachsten lässt sich ein Tunnel nähen, indem der Stoff in der Taille nach innen umgeschlagen und angenäht wird. Den oberen Rand in der Taille 1 cm nach innen umschlagen und bügeln. Den Rand erneut in der Breite des Gummibands umschlagen, feststecken und bügeln. Mit der Maschine den Umschlag nah an der Faltkante nähen, etwa 10 cm offen lassen. Ein Ende des Gummibands mit einer Sicherheitsnadel bei dieser Öffnung an den Bund stecken. Durch das andere Ende des Gummibands eine Sicherheitsnadel stecken und das Band mit der Nadel durch den Tunnel fädeln, die Enden überlappen und mit einer der beiden Sicherheitsnadeln zusammenstecken.

Das Kleidungsstück anprobieren lassen, um sicher zu gehen, dass es gut passt. Ist dies der Fall, die überlappenden Enden des Gummibands mit der Maschine oder per Hand zusammennähen. Die Öffnung im Tunnel mit der Maschine oder per Hand zunähen.

Verschlüsse

Fertiggestellt wird ein Projekt mit schönen Verschlüssen. Dies ist in der Regel einer der letzten Arbeitsschritte und verlangt etwas Zeit und Planung, die Ergebnisse sind jedoch die Mühe wert.

Bindebänder

Ein schmaler Stoffstreifen, der mit einem anderen schmalen Stoffstreifen zusammengebunden wird, ist eine der einfachsten Möglichkeiten, ein Kleidungsstück zu schließen. Mehrere Projekte in diesem Buch, wie das Häubchen „Stubenküken" (Seite 74) und die niedliche Eulenmütze (Seite 58), verwenden Bindebänder.

Um ein Bindeband zu nähen, zuerst die im Schnittmuster angegebene Stofflänge zuschneiden. Ein kurzes Ende des Stoffstreifens 0,5 cm umschlagen und bügeln. Anschließend eine lange Kante des Stoffstreifens 0,5 cm umschlagen und bügeln. Die andere lange Kante ebenso umschlagen und bügeln. Dann den Streifen der Länge nach links auf links in der Mitte falten und zusammenstecken. Das kurze Ende und die lange Seite nah an der Faltkante absteppen.

Knöpfe und Knopflöcher

Diese typische Verschlussart ergibt einen sauberen und ordentlichen Abschluss und lässt ein Kleidungsstück richtig maßgeschneidert aussehen.

Zuerst die Position der Knopflöcher wie auf dem Schnittmuster angegeben markieren. Die Knopflöcher werden in der Regel zum Schluss genäht, daher ist dies eine Markierung, die meist erst auf den Stoff übertragen wird, nachdem das Kleidungsstück genäht wurde. Werden die Knopflöcher gleich zu Beginn markiert, könnte die Kreidemarkierung mit der Zeit verschwinden. Damit die Knopflöcher die richtige Größe bekommen, zuerst den Durchmesser der Knöpfe messen. Anschließend die Dicke messen und mit zwei multiplizieren. Diese Zahl zum Ergebnis des Durchmessers addiert, ergibt die richtige Knopflochlänge.

Entsprechend der Bedienungsanleitung für Ihre Nähmaschine den richtigen Nähfuß einsetzen und das erste Knopfloch arbeiten. Anschließend alle weiteren nähen und darauf achten, dass die Enden der Knopflöcher genau auf einer Linie liegen.

Mit einem Nahtauftrenner den Stoff innerhalb der Knopflöcher aufschlitzen. Den Teil des Kleidungsstücks mit den Knopflöchern überlappend auf den Teil legen, an dem die Knöpfe angenäht werden sollen. Zusammenstecken.

Ein Stück Schneiderkreide durch das erste Knopfloch schieben, um auf dem Stoff darunter eine Markierung anzubringen. Den ersten Knopf an dieser Markierung annähen. Den ersten Knopf durch das erste Knopfloch stecken. Nun die Position des zweiten Knopfes wie zuvor markieren, den zweiten Knopf annähen und durch das zweite Knopfloch stecken. So weitermachen, bis alle Knöpfe angenäht sind.

Einen Knopf annähen

So nähen Sie einen Lochknopf an: Einen doppelten Faden einfädeln und auf der linken Seite des Kleidungsstücks, unter der Stelle, wo der Knopf angenäht werden soll, mit einem Knoten sichern. Die Nadel durch den Stoff stechen und den Faden dort, wo die Position des Knopfes markiert ist, auf die rechte Stoffseite ziehen. Die Nadel von unten durch das erste Loch im Knopf stechen, anschließend von oben durch das zweite Loch im Knopf. Die Nadel durch den Stoff stechen und den Faden durchziehen. Auf diese Weise weiter durch die Löcher und den Stoff stechen, bis der Knopf fest genug sitzt, etwa sechsmal sollte ausreichen. Einen Knoten machen und den Faden abschneiden.

Schnittmuster ausdrucken

Die Schnittmuster in diesem Buch sind schnell verwendbar: Sie müssen nur die benötigte Größe auf DIN-A4-Papier ausdrucken und den Schnittmusterbogen zusammenkleben.

Anhand der Anleitungen auf Seite 103 die richtige Schnittmustergröße wählen. Die CD einlegen, das passende Muster öffnen und das Dokument ausdrucken. Das Schnittmuster wird automatisch auf mehrere Blätter Papier gedruckt.

Bevor Sie das Schnittmuster zusammenfügen können, müssen Sie die einzelnen Seiten zuschneiden. Sorgfältig an den Rändern des Rasters entlang den leeren weißen Rand jedes Blattes abschneiden. Sobald alles ausgedruckt und zusammengesetzt ist, hat jedes Quadrat des Rasters eine Seitenlänge von 2 cm.

Auf jedem Blatt stehen in der Ecke Zahlen, die angeben, in welcher Reihenfolge die Blätter zusammengefügt werden müssen. Es gibt beispielsweise vier Blätter mit einer „5" in der Ecke. Fügen Sie diese Blätter so zusammen, dass sich die vier Ecken mit einer „5" berühren.

Verwenden Sie Klebeband mit geringer Haftung, um die Blätter zu einem großen Bogen zu verbinden. Schneiden Sie dann die einzelnen Schnittmusterteile aus. Halten Sie sich an die Seiten 112–128, um den Überblick über die Teile zu behalten. Sie sollten den Namen des Schnittmusterteils, z. B. „Ärmelfutter", und die verwendete Größe auf das Papier-Schnittmusterteil schreiben und diese Angaben zusammen mit den anderen Markierungen auf den Stoff übertragen. Die Nahtzugaben sind bei den Schnittmusterteilen inbegriffen und folgen den Angaben zu jedem Projekt.

Per Hand in der richtigen Größe zeichnen

Wenn Sie möchten, können Sie die Schnittmuster auf den Seiten 112–128 dazu verwenden, die Schnittmusterteile per Hand zu zeichnen (diese werden auf die Größe angepasst, die für das Projekt angegeben ist).

Das Anpassen der Schnittmuster per Hand ist im Prinzip einfach, erfordert jedoch etwas Übung. Sie benötigen Rasterpapier, dessen Kästchen eine Seitenlänge von 2 cm haben. Das Schnittmuster Kästchen für Kästchen auf das größere Papier übertragen, dabei von den Augen leiten lassen. Es ist hilfreich, zuerst einzelne Punkte anzuzeichnen und diese danach zu verbinden.

Markierungen auf dem Schnittmuster

Die kleinen offenen Rechtecke **A** an den Rändern stehen für die kleinen Einschnitte im Bereich der Nahtzugabe. Die Einschnitte eines Schnittmusterteils werden passend an jene eines angrenzenden Teils des Kleidungsstücks gelegt. Daher ist es wichtig, die Einschnitte sehr genau zu markieren, damit die Teile wirklich gut zusammenpassen.

Die wichtigste Markierung auf einem Schnittmuster ist der Fadenlauf **B**. Es ist ein langer Strich mit einem Pfeilkopf an jedem Ende. Beim Zuschneiden eines Schnittmusterteils aus dem Stoff muss diese Linie parallel zum Fadenlauf des Stoffs liegen.

Die Position eines Knopfes oder Knopflochs wird mit einem Sternchen **C** markiert. Ein Strich gibt die Ausrichtung des Knopflochs an.

Zusätzliche Linien geben die die Platzierung weiterer Elemente, wie Taschen, Applikationen oder Abnäher an **D**. Diese Linien werden in den Anleitungen für die Projekte erklärt (schneiden Sie nicht entlang solcher Linien). Symmetrische Teile haben eine Stoffbruchlinie. Weitere Informationen finden Sie auf Seite 103.

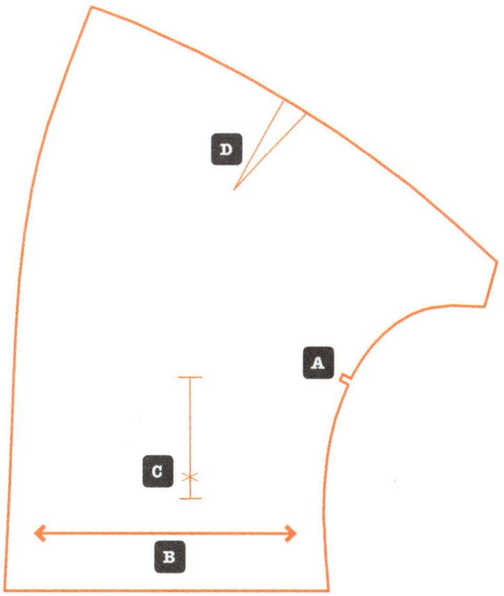

Jacke „Brüllender Löwe“ Seite: 10

gelber Wollfilz
A Ohren – 2
B Schwanz – 1
C Ärmel – 2
D Kapuze Seitenteil – 2
E Kapuze Mittelteil – 1
F Rückenteilhälfte – 2
G Rückenteilpasse – 1
H Tasche – 4
I Vorderteilhälfte – 2
J Saumbesatz Vorderteil – 2
K Saumbesatz Rückenteil – 1

Fleece oder Sherpa
L Futter Rückenteil – 1
M Futter Vorderteilhälfte – 2
N Kapuzenfutter Mittelteil – 1
O Kapuzenfutter Seitenteil – 2

Charmeuse-Stoff
P Ärmelfutter – 2

cremefarbener Wollfilz
A Ohren – 2
Q Maul – 1
R Ärmelbesatz – 2
S Kapuzenbesatz – 1

schwarzer Wollfilz
T Nase – 1
U Augen – 2
V Krallen – 6

weißer Filz
W Zähne – 2

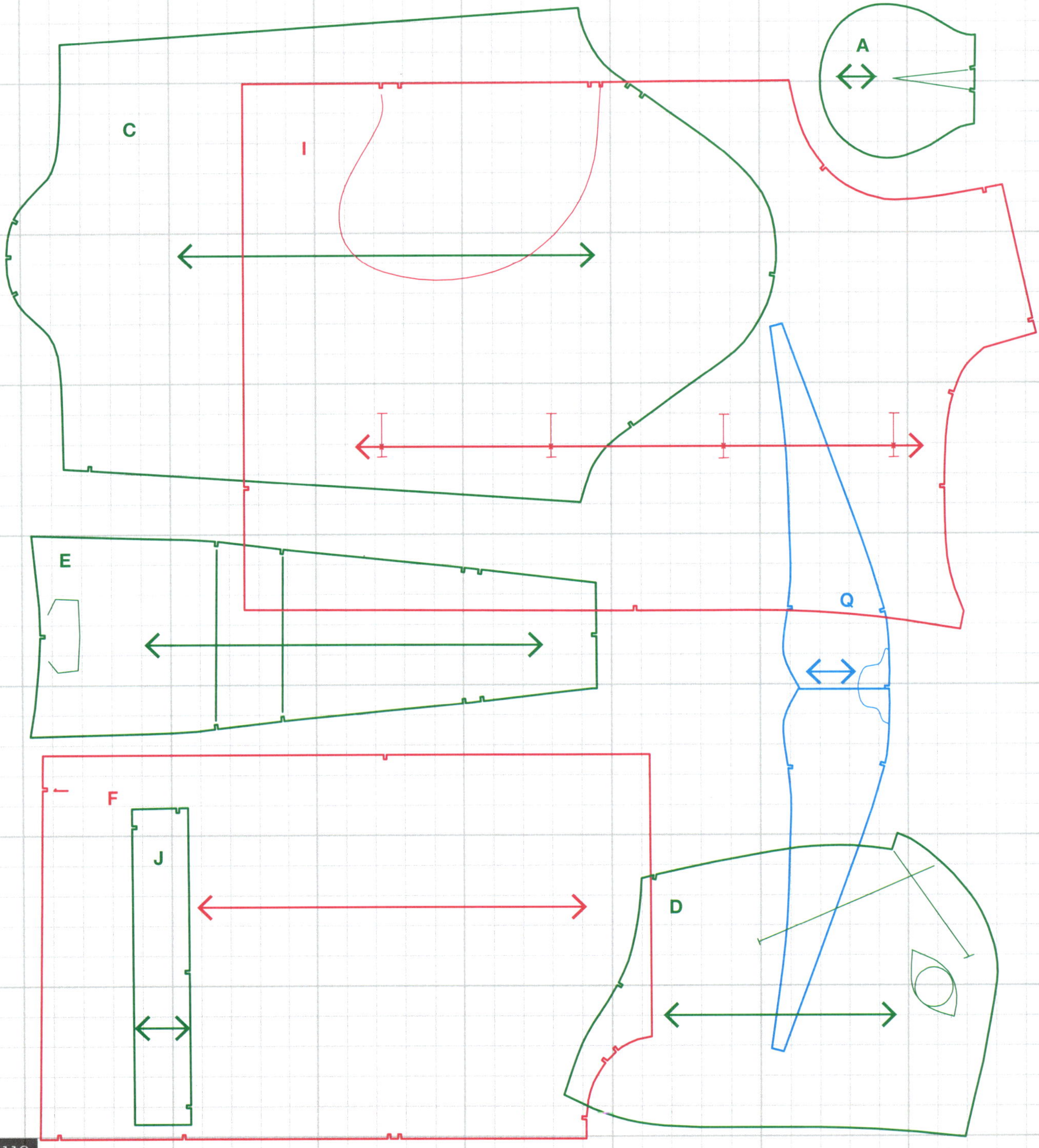

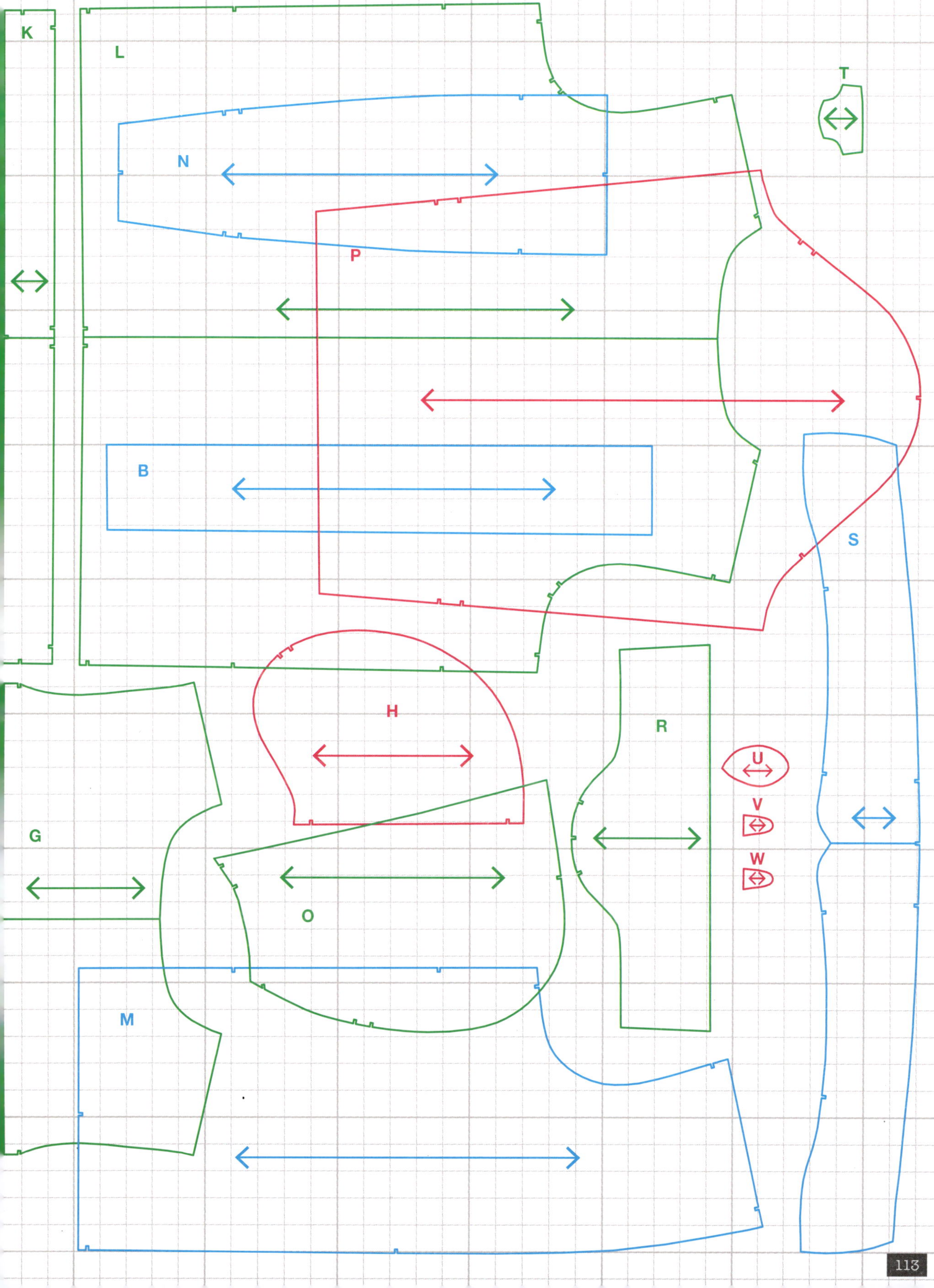
K
L
T
N
P
B
S
H
R
U
V
W
G
O
M

Bärenstarke Weste **Seite: 20**

blauer Stepp- oder Webstoff
A Vorderteilhälfte – 2
B Rückenteilpasse – 1
C Rückenteil – 1
D Westentasche – 1

schwarzer Filz
E Krallen – 12

Webpelz
H Tatzen – 2
K Ohren – 4
L Kapuze Mittelteil unten – 1
M Kapuze Mittelteil oben – 1
N Kapuze Seitenteil – 2
O Schwanz – 2

Fleece
F Futter Rückenteil – 1
G Futter Vorderteilhälfte – 2
H Futter Tatzentasche – 2
I Kapuzenfutter Seitenteil – 2
J Kapuzenfutter Mittelteil – 1

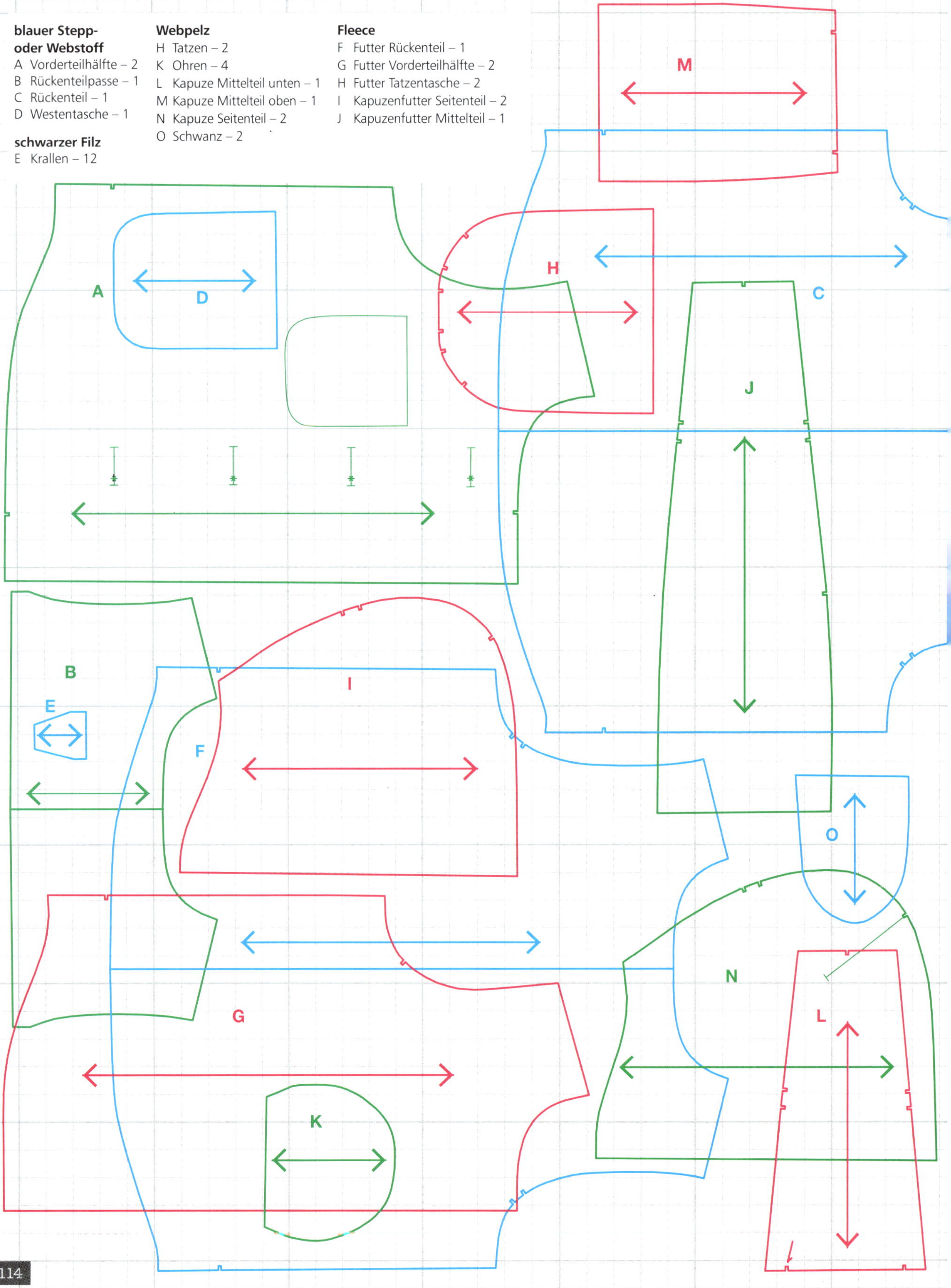

Gemütliche Koalamütze

Seite: 26

grauer Wollfilz
- A Mütze Seitenteil – 2
- B Mütze Mittelteil – 1
- C Schnauze – 1
- D Ohren – 4
- E Besatz – 1
- F Kinnriemen – 1

weißer Wollfilz
- G Bereich unter der Nase – 1
- H Ohren Mittelteil – 2
- I Augen Hintergrund – 2

schwarzer Wollfilz
- J Nase – 1

Fleece oder Sherpa
- K Mützenfutter Mittelteil – 1
- L Mützenfutter Seitenteil – 2

Aufbügelvlies
- A Mütze Seitenteil – 2
- B Mütze Mittelteil – 1
- C Schnauze – 1

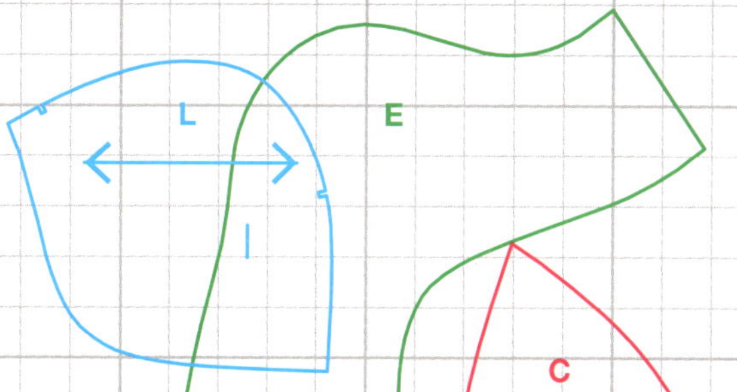

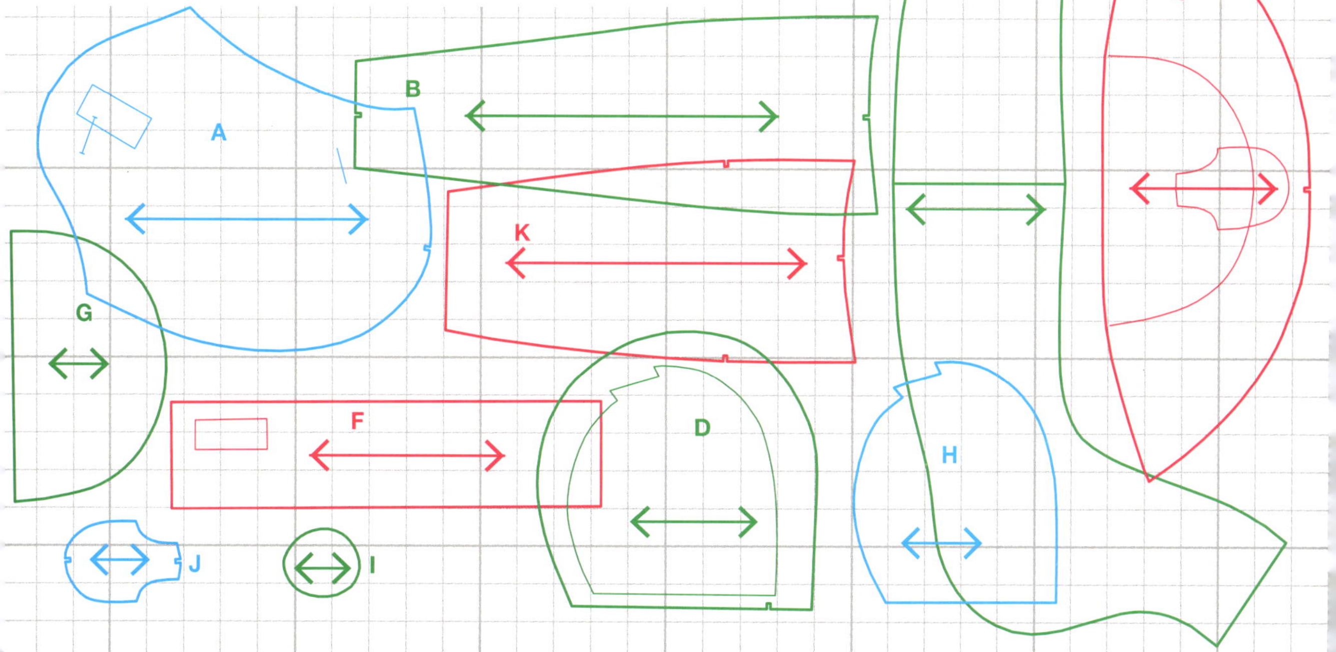

Rock „Kleiner Leopard"

Seite: 30

bedruckter Baumwollsamt
- A Rock Vorderteil – 1
- B Rock Rückenteilhälfte – 2
- C Taschenfutter – 2
- D Tasche – 2
- E Schwanz – 2
- F Taillenbund – 1
- G Gesicht – 1
- H Ohren – 2

schwarzer Baumwollsamt
- I Augen – 2
- J Nasenränder – 2
- K Schnauze – 1

rosa Taft
- H Ohren – 2
- L Nase – 1

Gummiband
- M Gummibandstreifen – 1

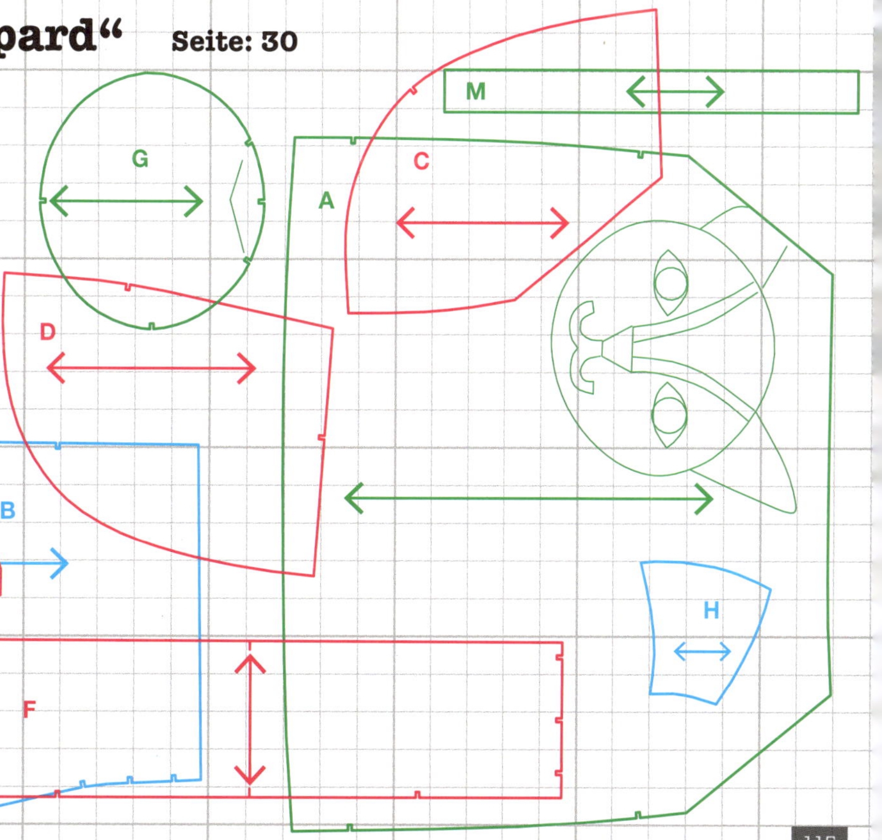

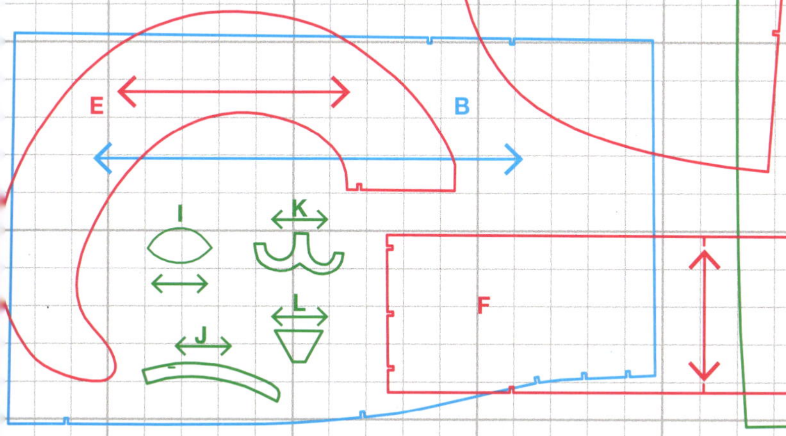

Hasenjacke

Seite: 44

Wollwebstoff
A Ohren Rückseite – 2
B Kapuze Seitenteil – 2
C Kapuze Mittelteil – 1
D Tasche Vorderseite – 1
E linke Vorderteilhälfte – 1
F rechte Vorderteilhälfte – 1
G Ärmel Vorderseite – 2
H Ärmel Rückseite – 2
I Bindebänder zum Verschließen – 4
J Jacke Rückenteil – 1

bedruckter Baumwollstoff
K Ohren Vorderseite – 2
L Kapuzenfutter Mittelteil – 2
M Kapuzenfutter Seitenteil – 2
N Tasche Rückseite – 1
O Ärmelfutter Vorderseite – 2
P Jackenfutter Vorderteil – 2
Q Ärmelfutter Rückseite – 2
R Jackenfutter Rückenteil – 1

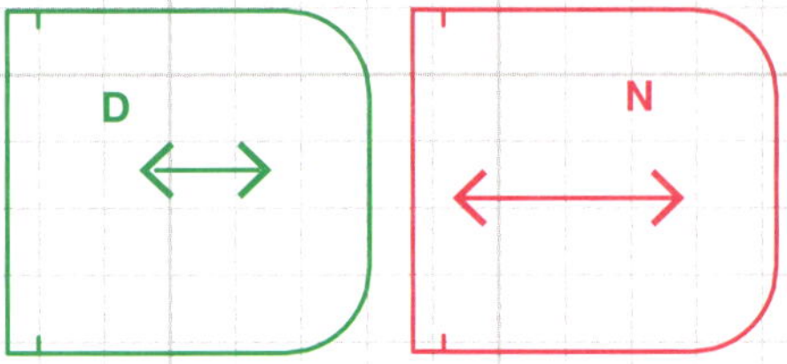

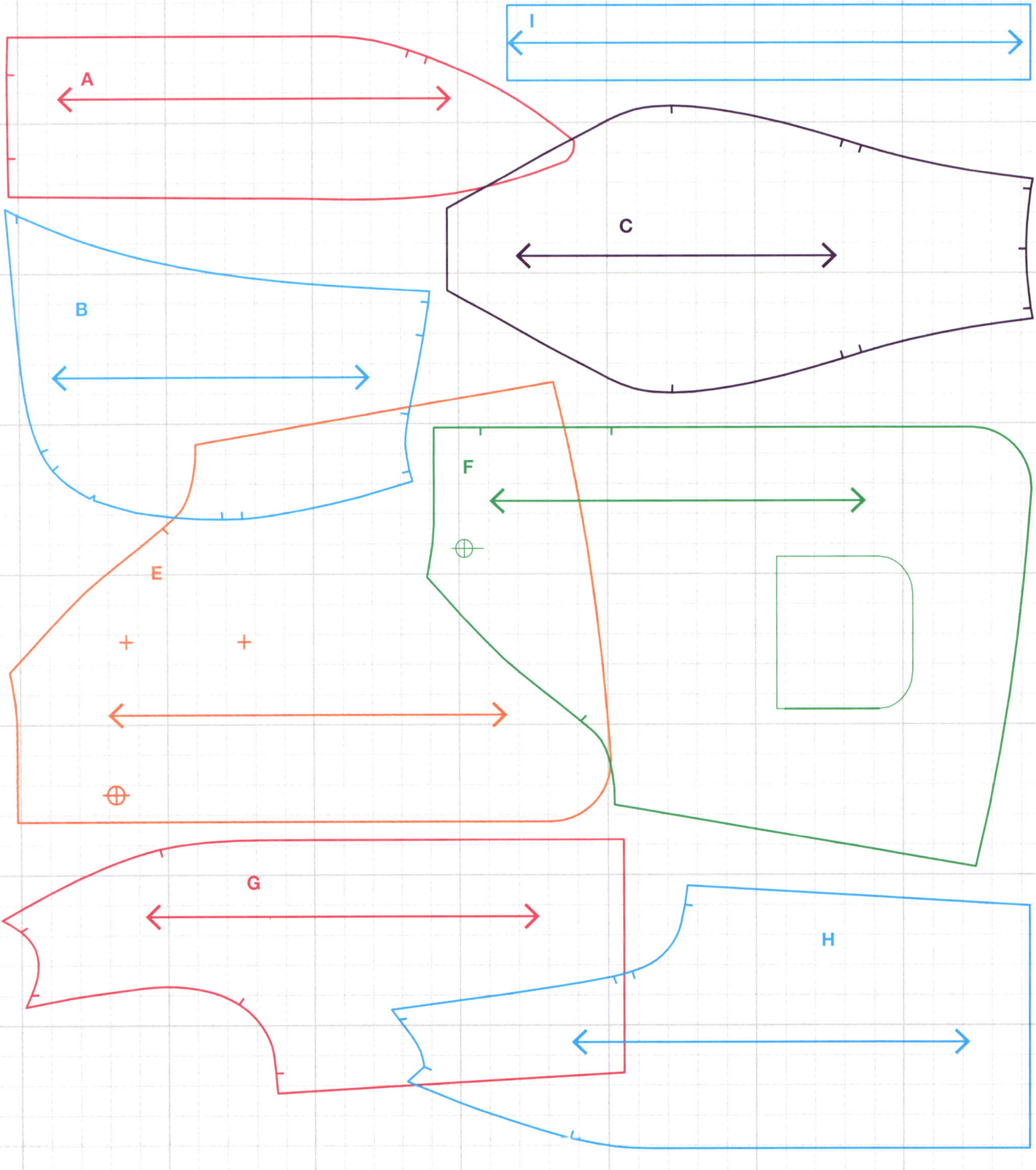

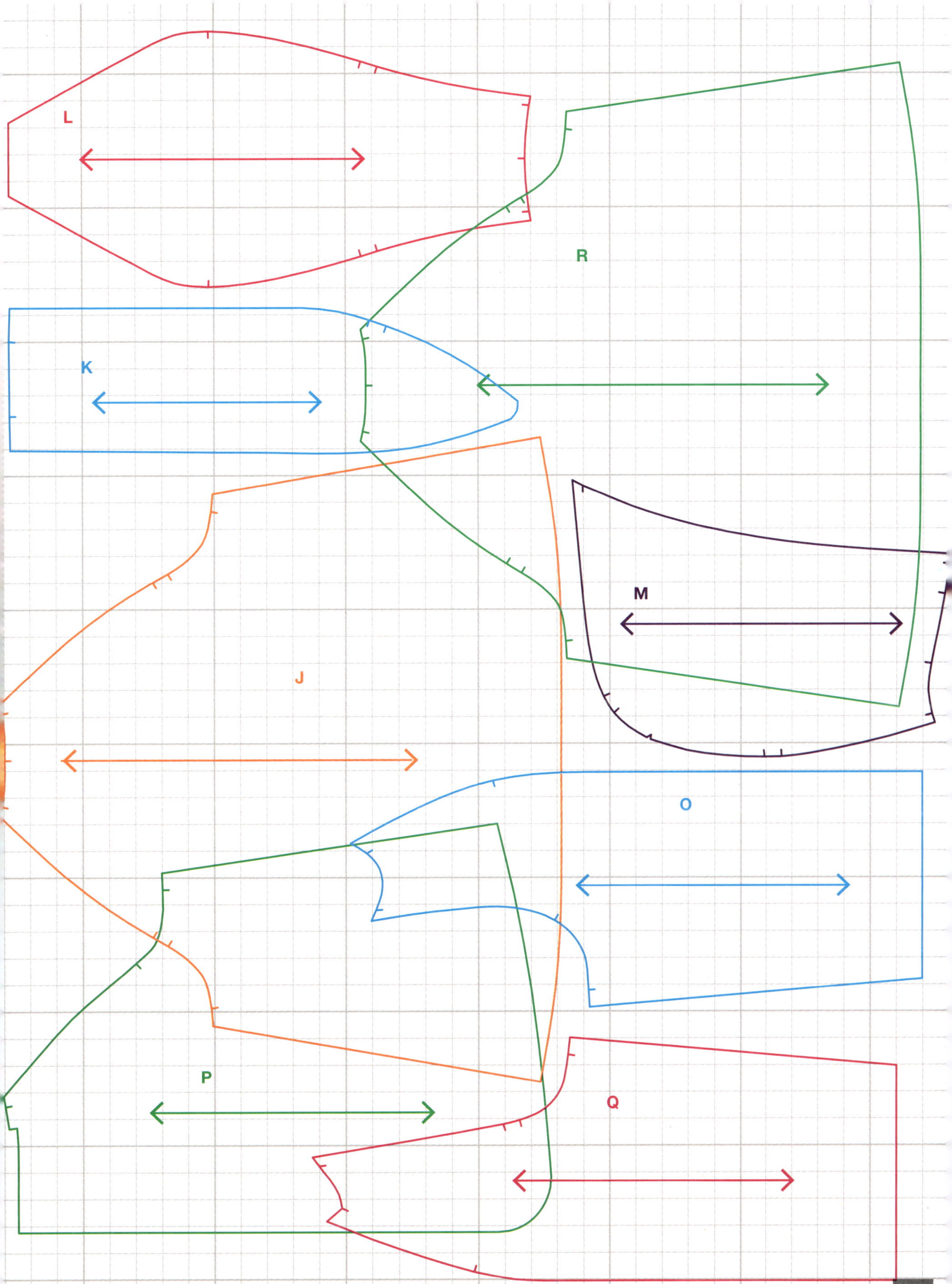
L
R
K
J
M
O
P
Q

Waschbärweste **Seite: 50**

grauer Tweed
A Tasche – 1
B Kapuze Seitenteil – 2
C Kapuze vorderes Mittelteil – 1
D Kapuze hinteres Mittelteil – 1
E Kapuzenbesatz – 1
F Rückenteilpasse – 1
G Rückenteil – 1
H Vorderteilhälfte – 2
I Ohren – 2

cremefarbener Wollfilz
I Ohren – 2
J Wangen – 2
K Obere Waschbärmaske – 2
L Augen – 2

schwarzer Wollfilz oder -webstoff
M Schwanz – 1
N Waschbärmaske – 2
O Ohren Mittelstück – 2
P Nase – 1

Fleece
Q Kapzenfutter Seitenteil – 2
R Kapuzenfutter Mittelteil – 1
S Futter Rückenteil – 1
T Futter Vorderteilhälfte – 2

Bügeleinlage
U Gesicht – 1

V Schablone Gesicht – nur als Vorlage; muss nicht ausgeschnitten werden

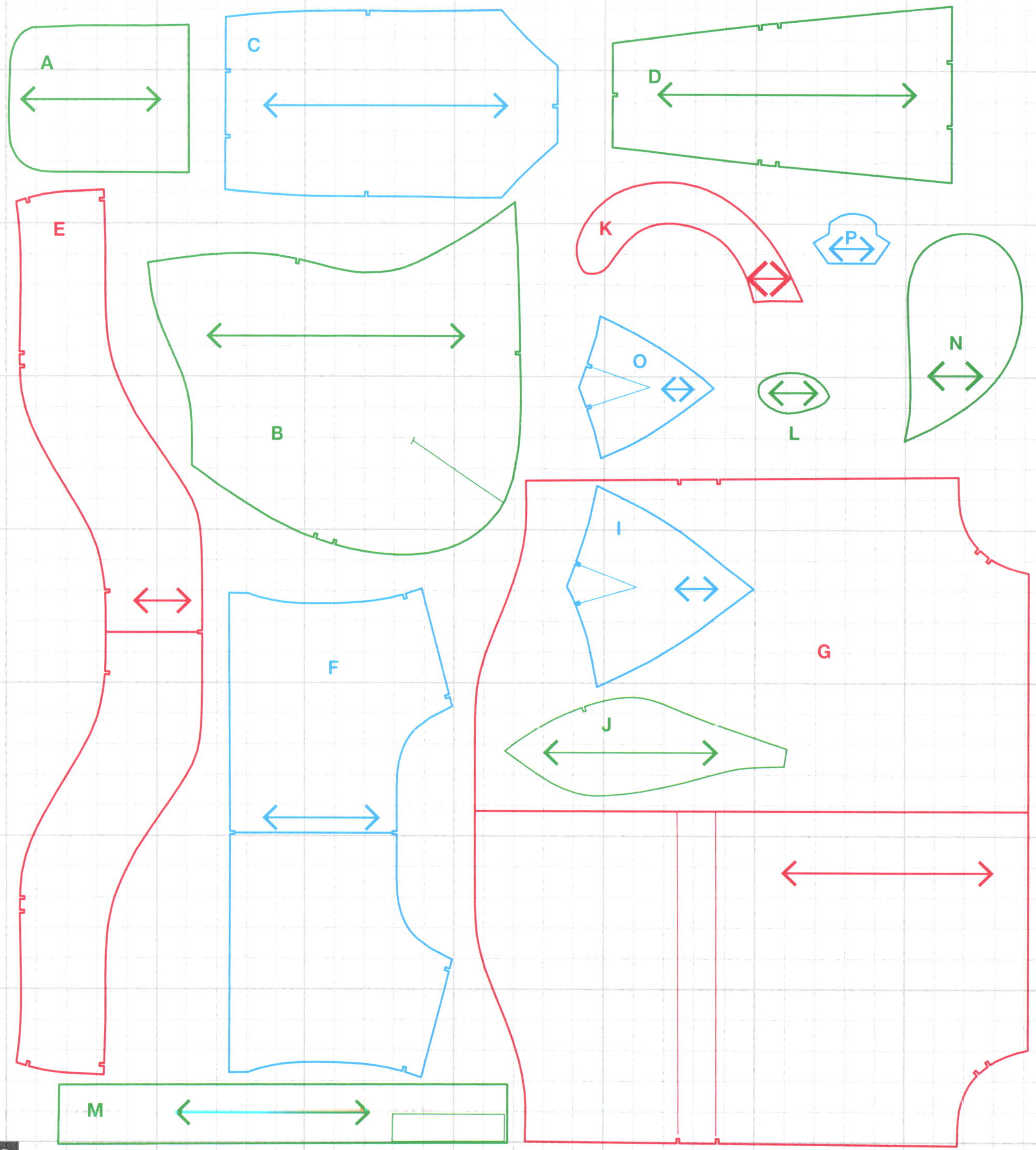

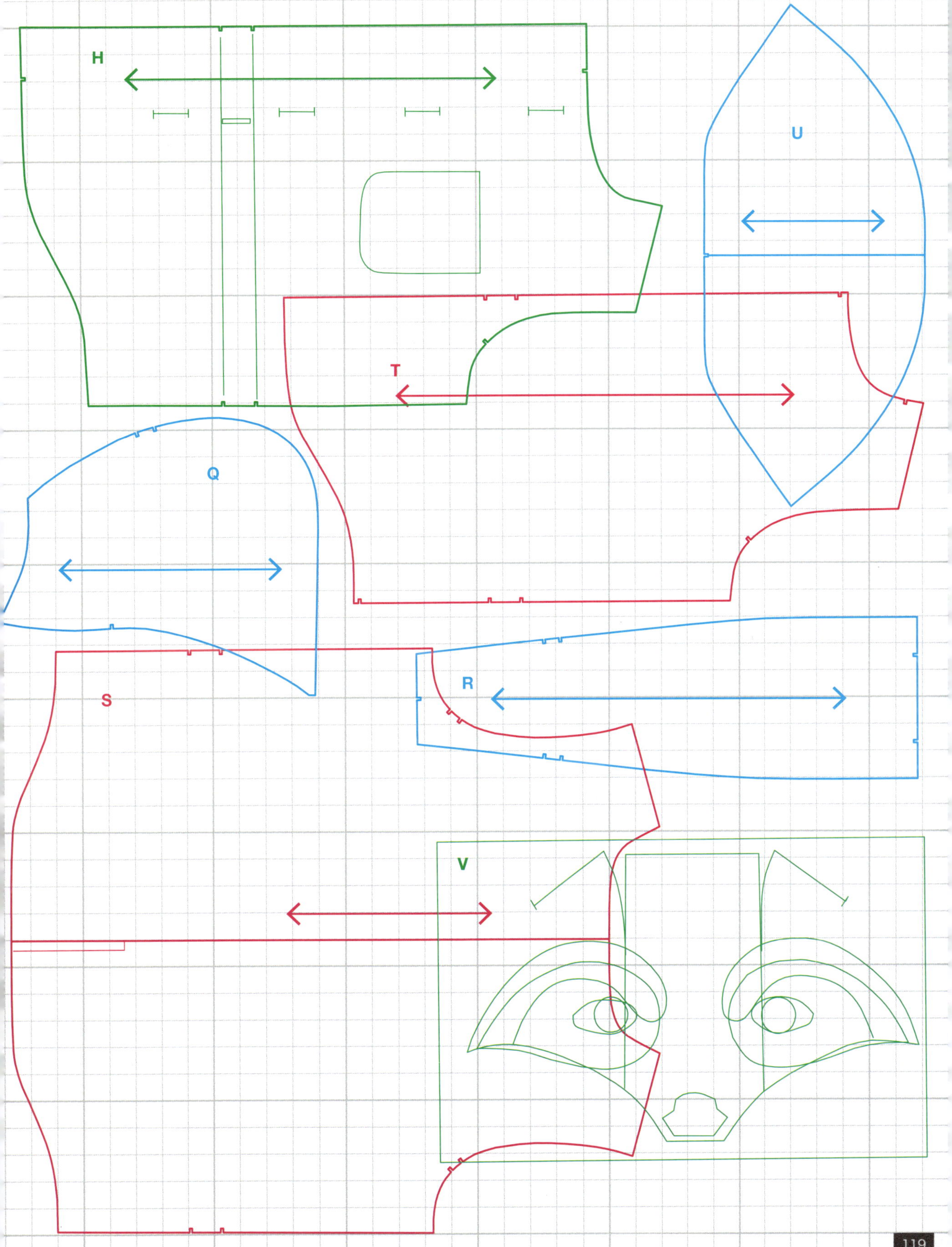
H
U
T
Q
R
S
V

Hemd für Elefantenfreunde Seite: 36

fester Baumwollstoff
A Elefantenkopf – 2
B Elefantenschwanz – 2
C Elefantenohren – 4

bedruckter Baumwollstoff
D Rückenteil – 1
E Rückenteilpasse – 2
F Kragen – 2
G Vorderteilhälfte – 2
H Ärmel – 2
I Vorderteilbesatz – 2

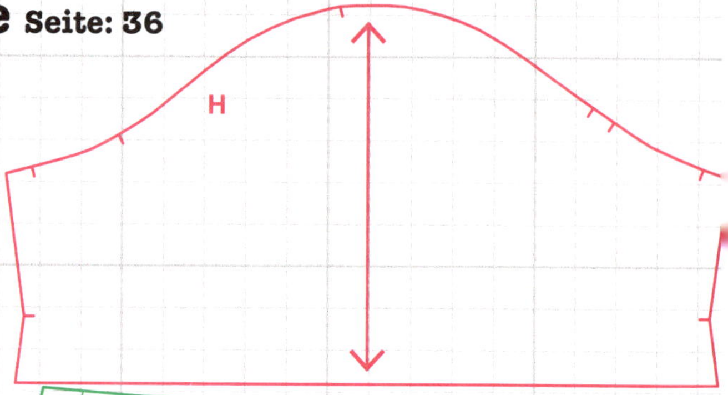

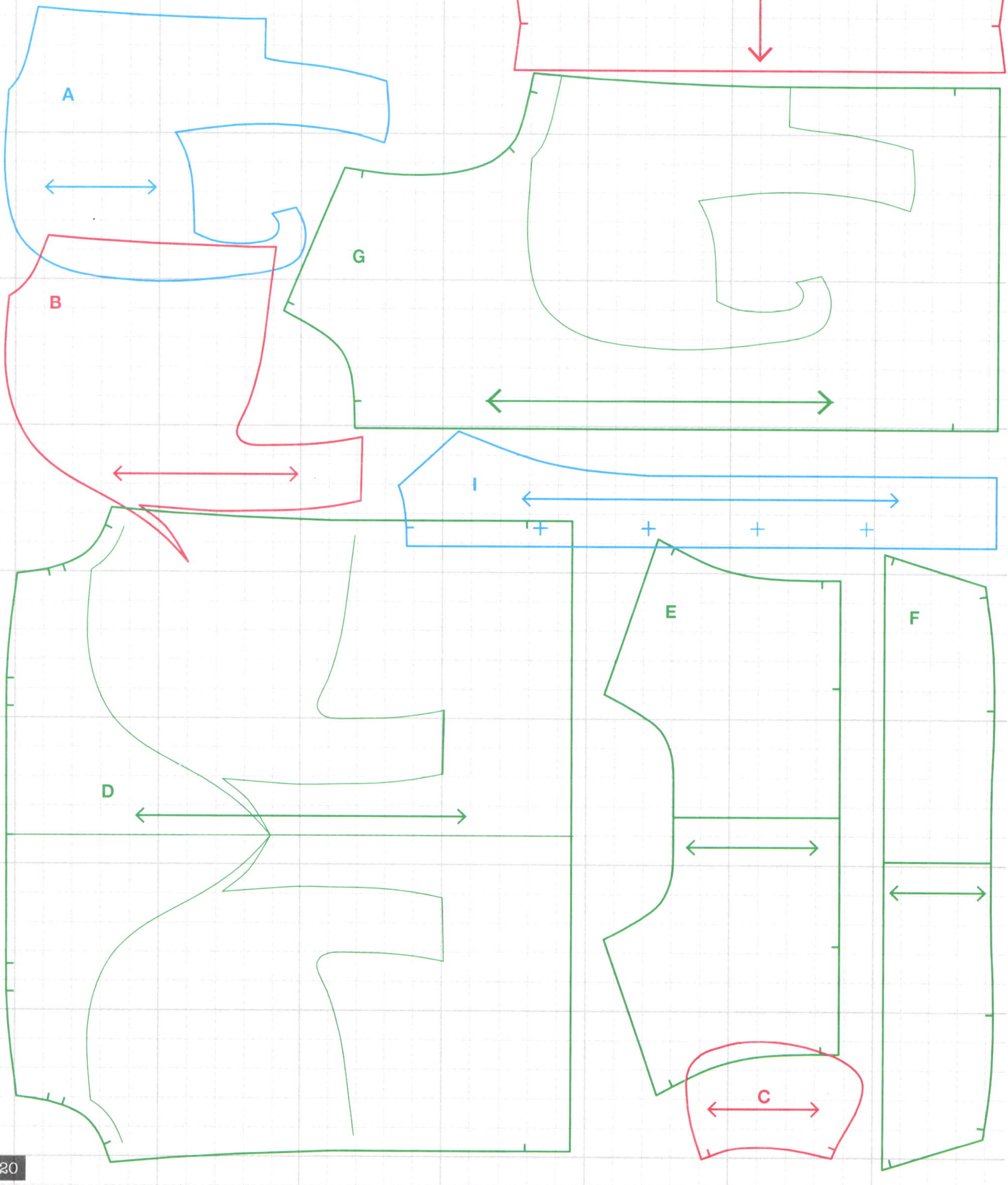

Niedliche Eulenmütze Seite: 58

rosa Wollfilz
A Mütze Seitenteil – 2
B Mütze Mittelteil – 1

Bügeleinlage
A Mütze Seitenteil – 2
B Mütze Mittelteil – 1

bedruckter Baumwollstoff
C Mützenfutter Seitenteil – 2
D Mützenfutter Mittelteil – 1

pfirsichfarbener Wollfilz
E Kinnriemen – 1
F Einfassung – 1
G Augen mittlere Kreise – 2
H Quasten – 10

gelber Wollfilz
I Schnabel – 1
J Wimpern – 2

blauer Wollfilz
K Augen kleine Kreise – 2

grüner Wollfilz
L Augen äußerer Untergrund – 2

M Schablone Gesicht – nur als Vorlage; muss nicht ausgeschnitten werden

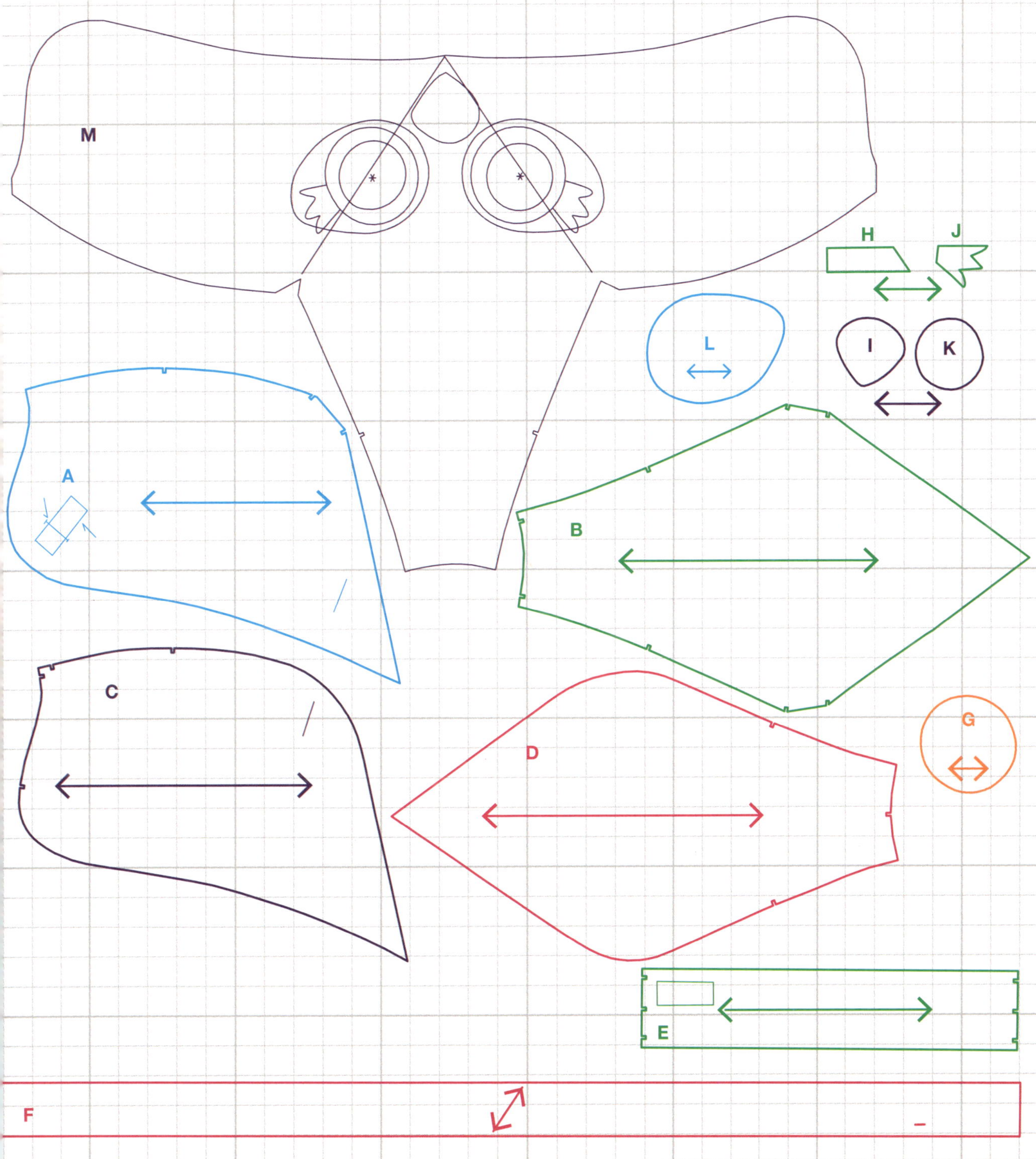

Fuchsschal **Seite: 62**

rotbrauner Baumwollsamt
A Fuchskörper – 1
B Gesicht Mittelteil – 1
C Ohren – 4
D Schwanz-„Stiel“ – 1
E Vorderpfoten – 2

cremefarbener Baumwollsamt
F Fuchsbauch – 1
G Innentasche – 2
H Wangen – 2

Futterstoff
G Taschenfutter – 2

Schwarzer Baumwollsamt
I Nase – 1
J Augen – 2

K Ohren Mittelstück – 2

Die gestrichelten Wellenlinien zeigen lange Teile an, die zusammengehören.

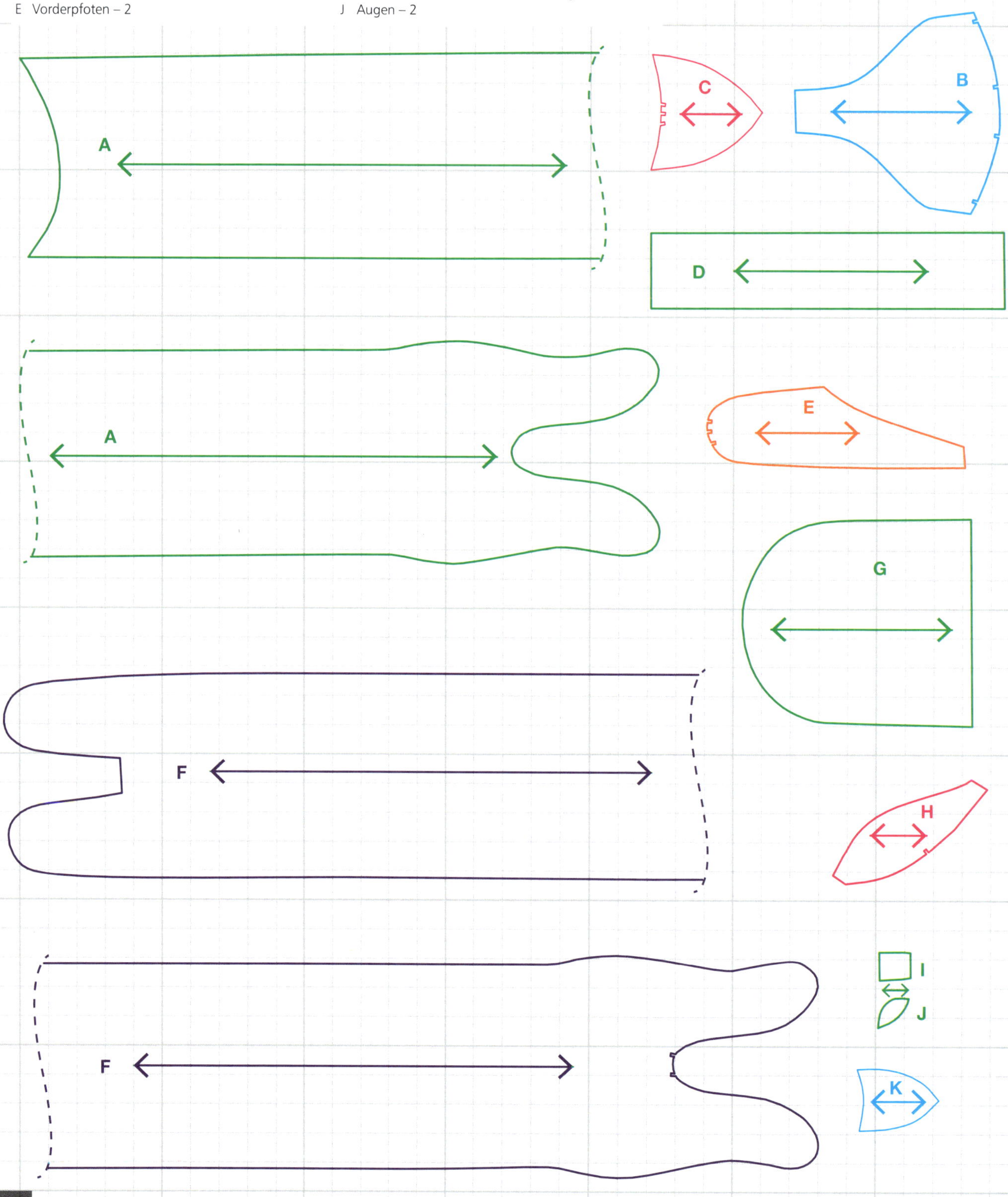

Kleid „Miss Muh“ Seite: 78

weißes Leinen
A Rock vorderes Mittelteil – 1
B Rock Seitenteil – 2
C Oberteil vorne – 2
D Kuhgesicht – 1
E Futter Kuhgesicht – 1
F Futter Oberteil hinten – 2
G Oberteil hinten – 2
H Schulterträger – 2
I Schwanzquaste – 1
J Schärpe – 2

schwarzes Leinen
K Schulterrüsche – 4
L Tasche – 2

M Ohren – 2
N Gesicht Seitenteil – 2
O Kinn – 2
P Nasenlöcher – 2
Q Schwanz – 1

rosa Leinen
M Kuhohren – 2

R Kuhnase – 1
S Blume – 2

grünes Leinen oder Baumwollstoff
T Blumenstängel – 2

blaues Leinen oder Baumwollstoff
U Augen – 2

V Schablone Gesicht – nur als Vorlage; muss nicht ausgeschnitten werden

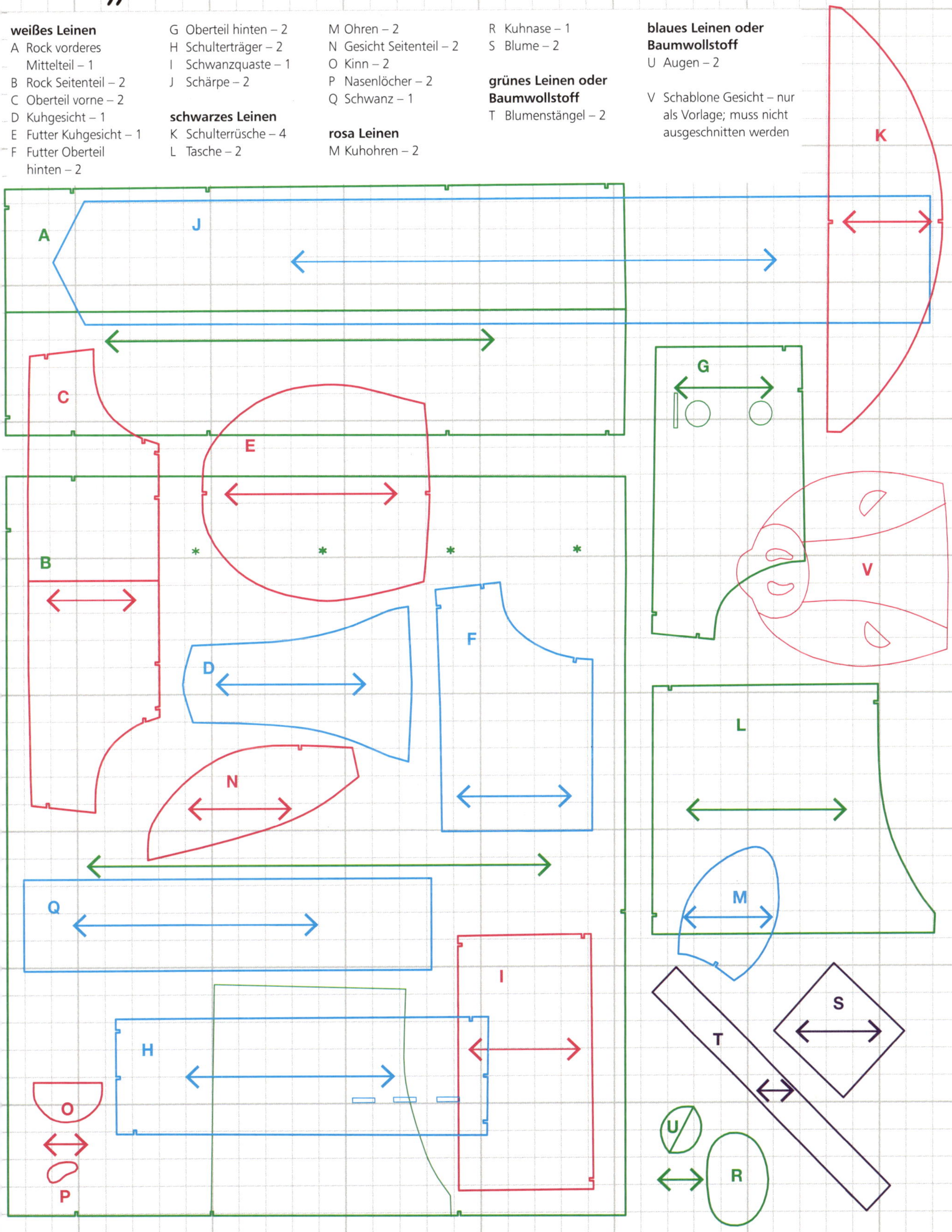

Strandcape „Schmetterling“ Seite: 68

rosa Frottee
A Kapuze Mittelteil – 2
B Kapuze Seitenteil – 4
C Fühler – 1
D Cape Rückenteil – 1
E Cape Vorderteilhälfte – 2
F Flügelapplikation f – 4
G Flügelapplikation g – 4

lila Frottee
D Cape Rückenteil – 1
E Cape Vorderteilhälfte – 2

türkisfarbener Frottee
H Flügelapplikation h – 4
I Flügelapplikation i – 4

gelber Frottee
O Flügelapplikation o – 4
M Flügelapplikation m – 4
N Flügelapplikation n – 4

grüner Frottee
L Flügelapplikation l – 4
J Flügelapplikation j – 4
K Flügelapplikation k – 4

Die Kleinbuchstaben geben an, wohin die jeweilige Applikation gehört.

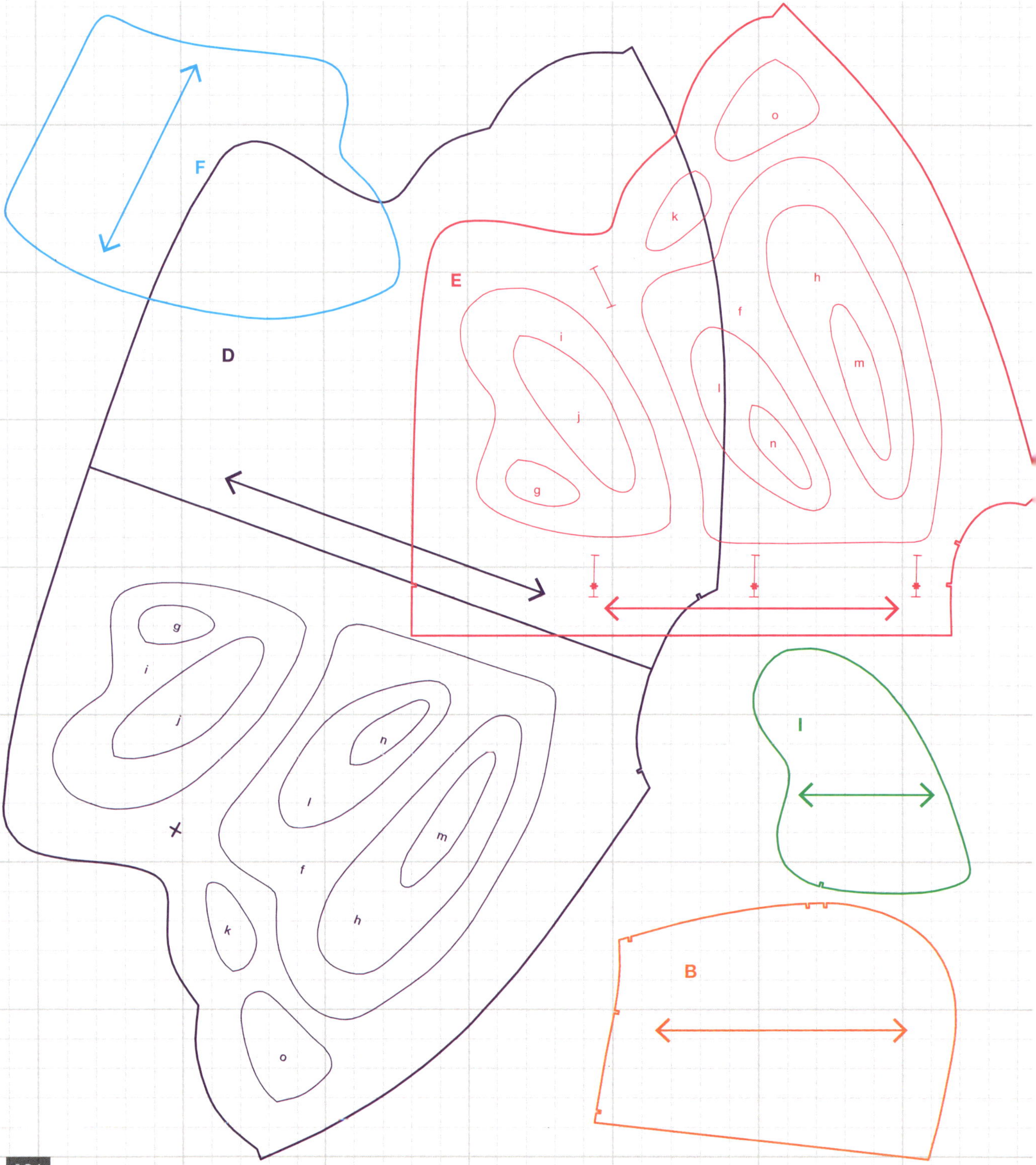

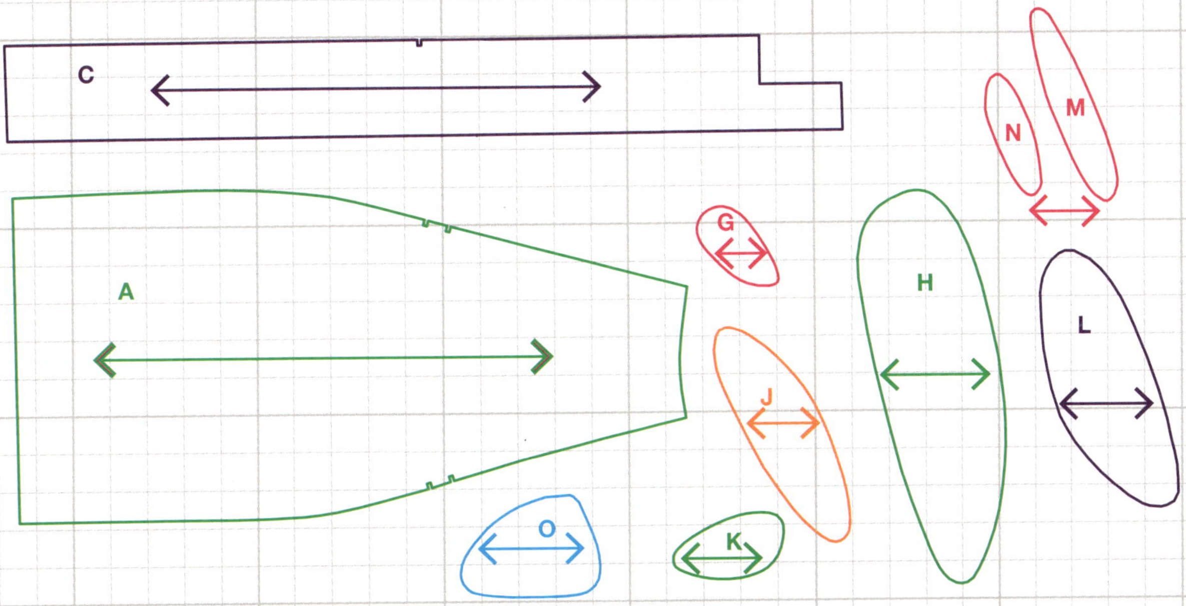

Häubchen „Stubenküken“ Seite: 74

weißes Leinen
A Federrüschen – 9
B Haube Mittelteil – 1
C Haube Seitenteil – 2
D vordere Einfassung und Bindebänder – 1
E Gesicht – 1

gelber Baumwollstoff
C Haubenfutter Seitenteil – 2
B Haubenfutter Mittelteil – 1
F Füße – 4
G Schnabel – 2

Die gestrichelten Wellenlinien zeigen lange Teile an, die zusammengehören.

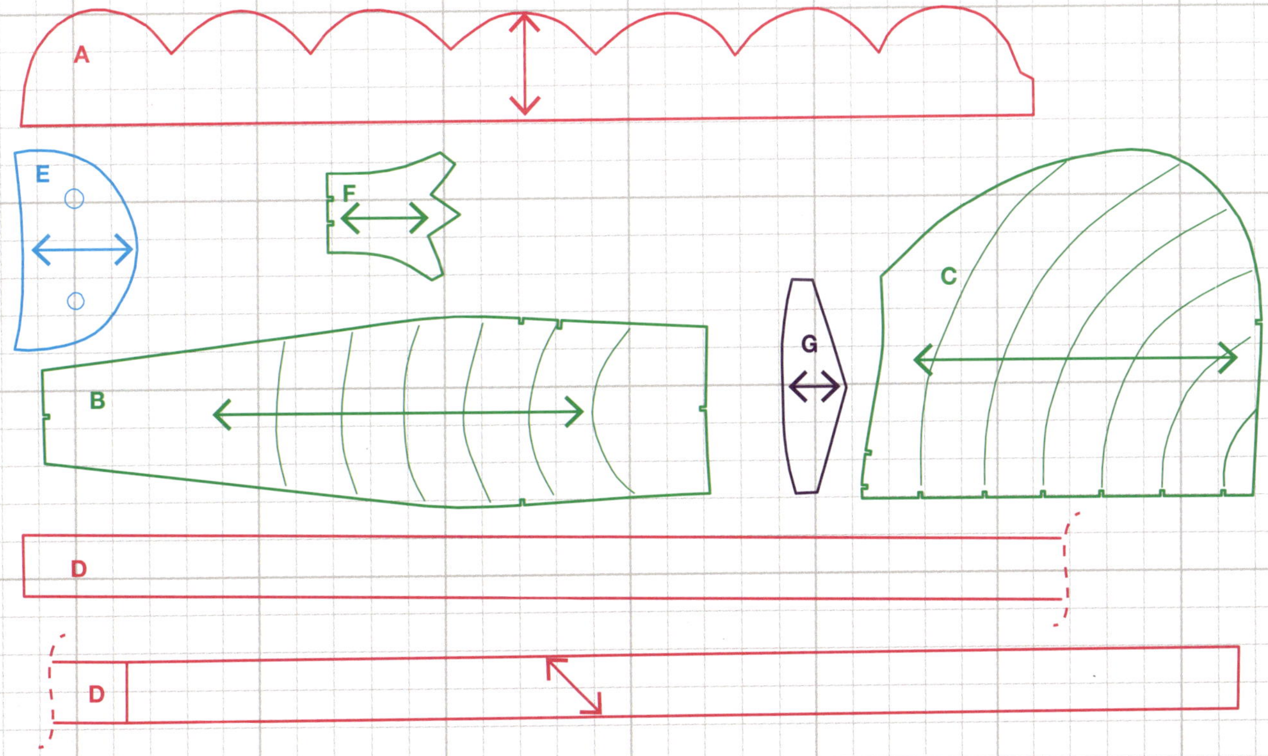

Fäustlinge „Katz und Maus“ Seite: 92

cremefarbener selbst gefilzter Strick
- A Fäustling Handfläche – 2
- B Fäustling Handrücken (Oberseite) – 2
- C Fäustling Bündchen 2
- D Katzenohren – 4

rosa Filz
- E Katzenohren Mittelstück – 4
- F Katzennase – 2
- G Katzenzunge – 2
- H Mäusenase – 2

grauer selbst gefilzter Strick
- I Mäuseohren – 4
- J Daumenunterseite – 2
- K Mäusegesicht – 2

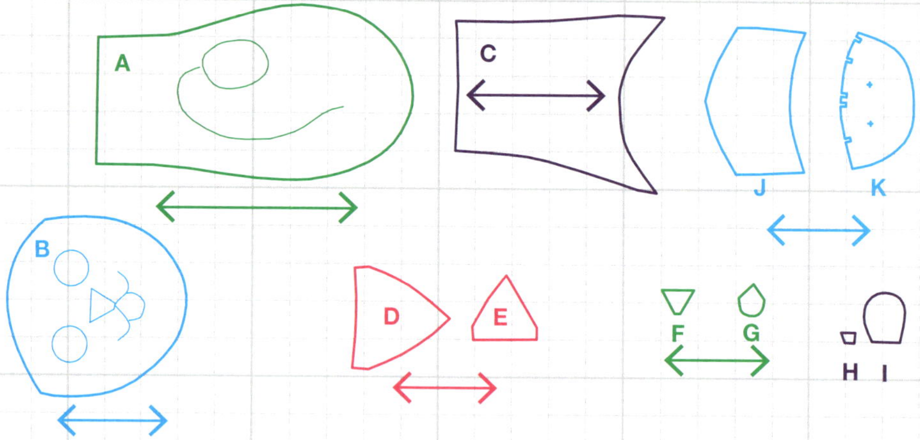

Regencape „Emsiges Bienchen“ Seite: 96

weißes Segeltuch
- A Flügel Vorderseite – 2
- B Flügel Rückseite – 2

schwarzes Segeltuch
- C Kapuze Mittelteil – 1
- D Kapuze Seitenteil – 2
- E Fühler – 1
- F Bienenkörper Rückseite obere Mitte – 1
- G Bienenkörper Vorderseite obere Mitte – 2
- H Stachel – 2
- I Bienenkörper Rückseite unten – 1
- J Bienenkörper Vorderseite unten – 2
- K Kapuzenbesatz – 1

gelbes Segeltuch
- L Schirm – 2
- M Bienenkörper Vorderseite oben – 2
- N Bienenkörper Rückseite oben – 1
- O Bienenkörper Rückseite untere Mitte – 1
- P Bienenkörper Vorderseite untere Mitte – 2

bedruckter Baumwollstoff
- Q Futter Vorderteil – 2
- R Futter Rückenteil – 1
- S Kapuzenfutter Mittelteil – 1
- T Kapuzenfutter Seitenteil – 2

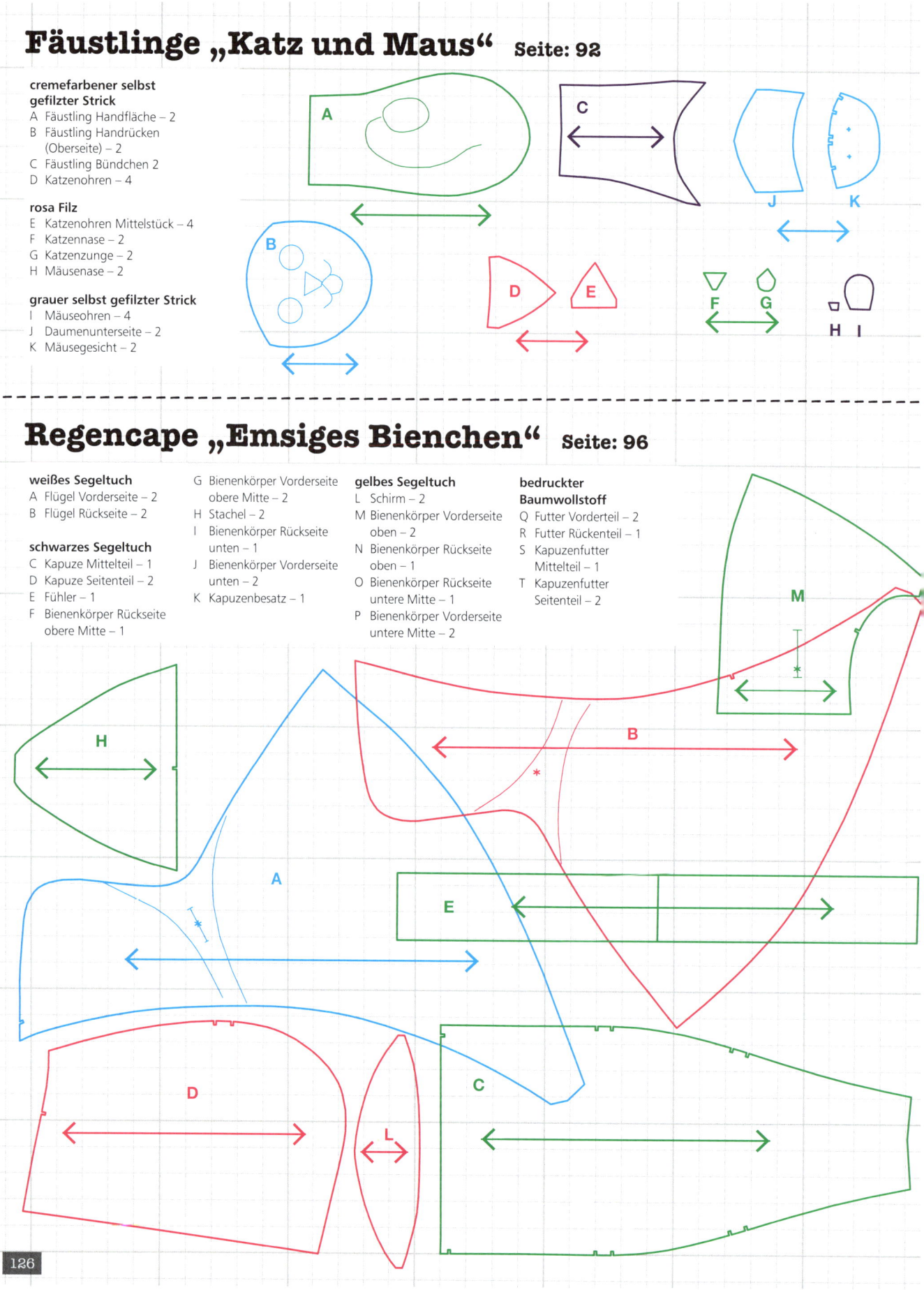

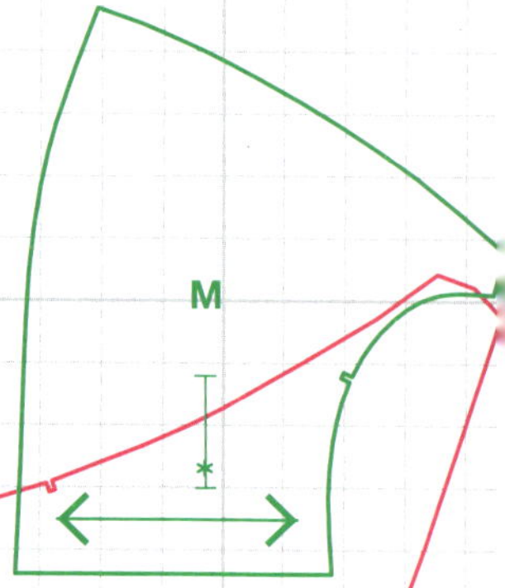

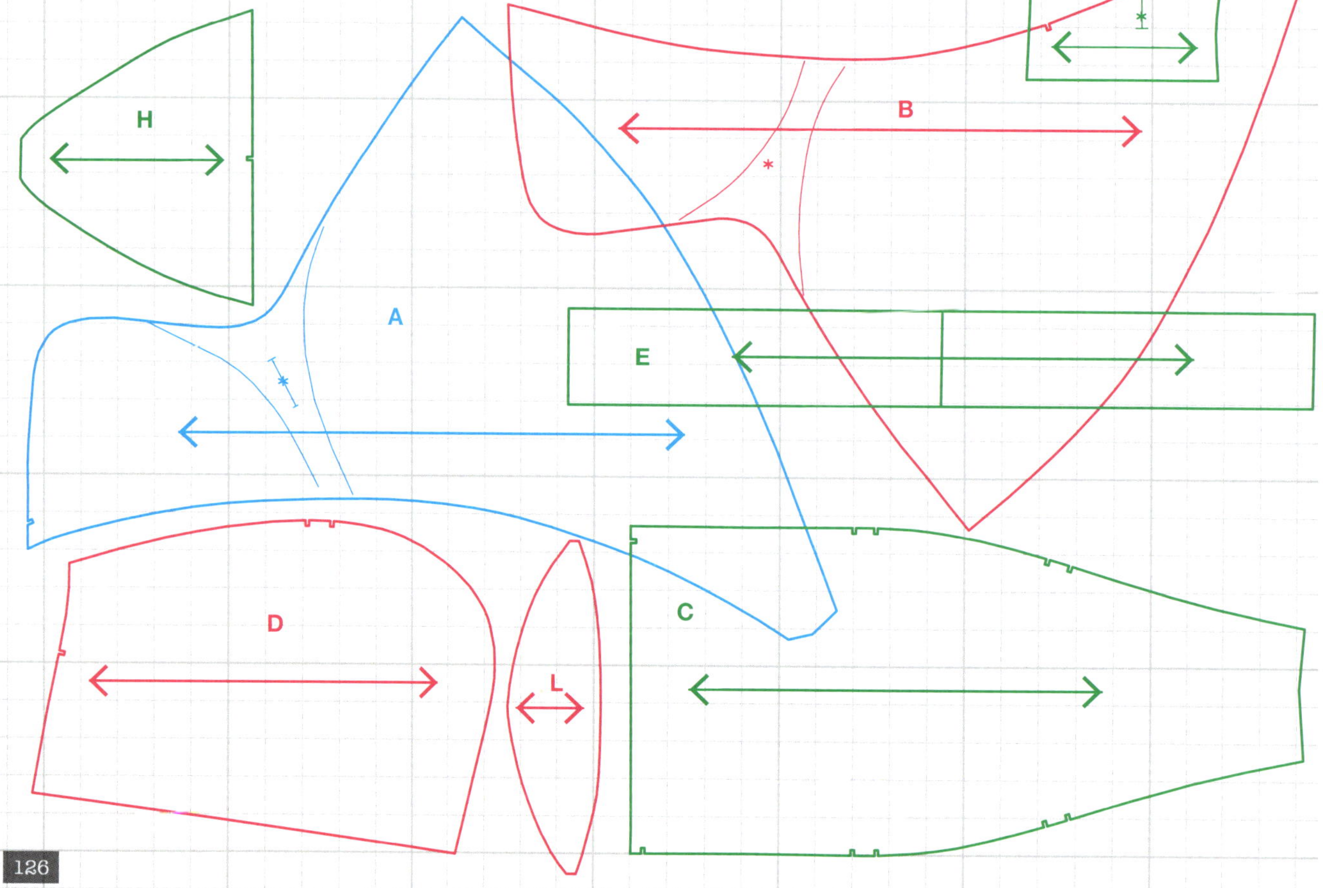

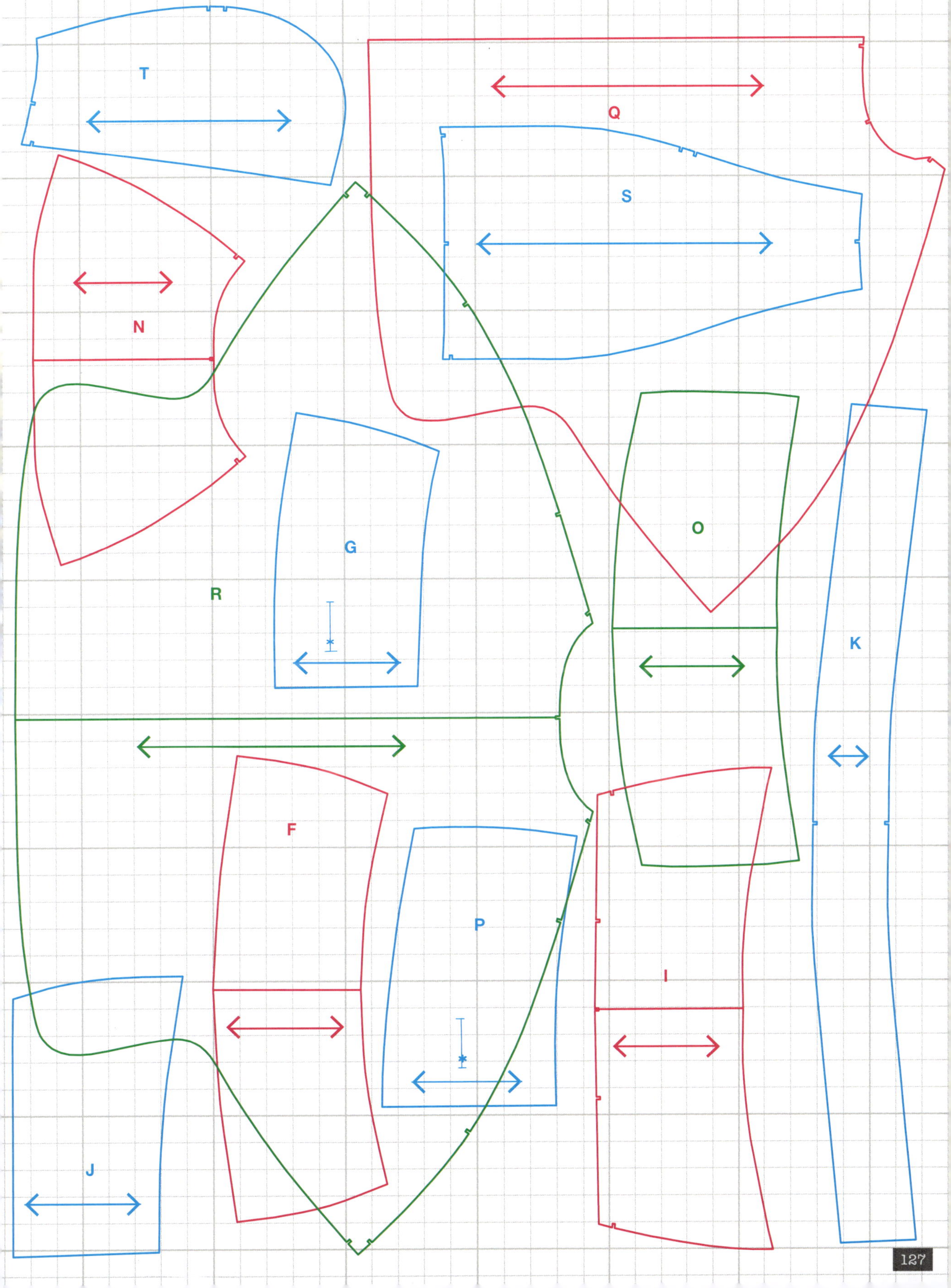
T
Q
S
N
R
G
O
K
F
P
I
J

Ponylatzhose

Seite: 86

brauner Feincord
A Latzhose Vorderteilhälfte – 2
B Latzhose Rückenteilhälfte – 2
C Schulterträger – 2
D Tasche – 2

braunes Leinen
E Ponygesicht – 2
F Ohren – 4
G Schopf obere Lage – 1
H Schopf untere Lage – 1

bedruckter Baumwollstoff
I Hosenaufschlag – 2
J Vorderteilbesatz – 1

rotes Leinen
K Nasenriemen – 1
L Stirnband – 1
M Hufeisen – 1

pfirsichfabener Wollfilz
N Ohren Mittelstück – 2

schwarzer Wollfilz
O Augen – 2
P Nüstern – 2

Gummiband
Q Gummiband – 2

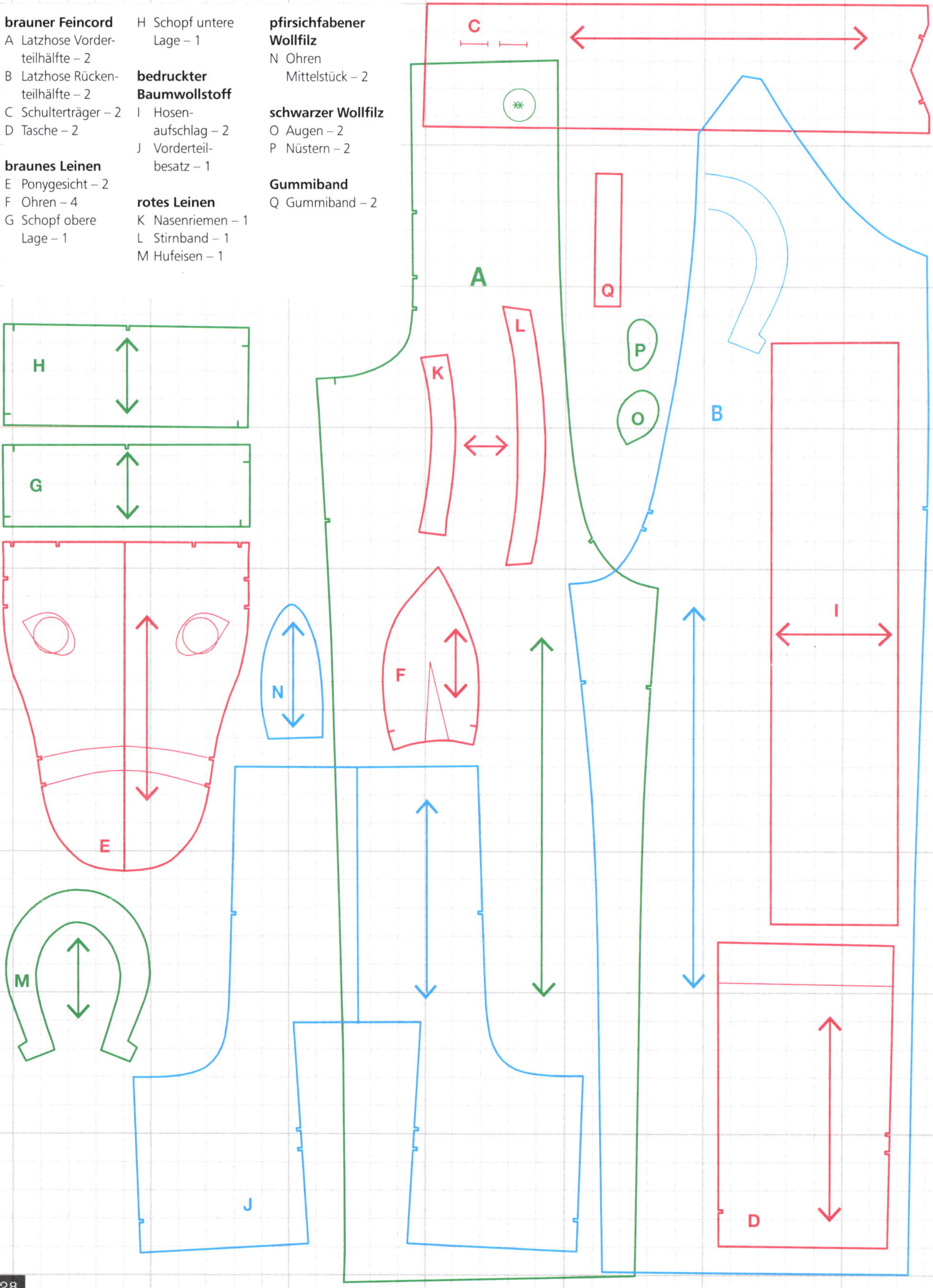